Georg Wilke

Die Hauptberührungs- und Unterscheidungspunkte

Erziehungsgedanken nach John Locke's und Jean Jacques Rousseau's

Georg Wilke

Die Hauptberührungs- und Unterscheidungspunkte
Erziehungsgedanken nach John Locke's und Jean Jacques Rousseau's

ISBN/EAN: 9783743352452

Hergestellt in Europa, USA, Kanada, Australien, Japan

Cover: Foto ©ninafisch / pixelio.de

Manufactured and distributed by brebook publishing software (www.brebook.com)

Georg Wilke

Die Hauptberührungs- und Unterscheidungspunkte

Die Hauptberührungs- und Unterscheidungspunkte der Erziehungsgedanken John Locke's und Jean Jacques Rousseau's.

Inaugural-Dissertation
zur
Erlangung der Doktorwürde
der
hohen philosophischen Fakultät
der königlich bayerischen
Friedrich-Alexanders-Universität Erlangen
vorgelegt von
Georg Wilke, königlichem Pfarrer
aus Bamberg.

Tag der mündlichen Prüfung: 4. Juli 1898.

Scheinfeld.
Druck von M. Ille's Buchdruckerei.
1898.

Gedruckt mit Genehmigung einer hohen philosophischen Fakultät zu Erlangen.

Referent:

Herr Professor Dr. Richard Falkenberg.

Der teueren Gattin

und verständnisvollen Freundin seines geistigen

Strebens

in liebender Verehrung gewidmet

vom

Verfasser.

Inhaltsübersicht.

	Seite
Einleitung	9—17
I. Teil:	
Die Hauptberührungspunkte .	18—39
II. Teil:	
Die Hauptunterscheidungspunkte.	40—65
Schlußbemerkungen .	66—67

Der ungeheure Einfluß, den die Ideen Locke's und Rousseau's auf alle Gebiete des menschlichen Denkens und Handelns ihrer Zeit und der Gegenwart ausübten, wird von jedermann anerkannt. Namentlich hinsichtlich der Erziehungskunst ist auch heute noch die Wellenbewegung deutlich wahrzunehmen, welche ihr mächtiger Anstoß erregt hat.

Das Buch „Emil oder über die Erziehung. Von Jean Jacques Rousseau, Bürger von Genf" eröffnete unmittelbar mit seinem Erscheinen im Mai des Jahres 1762 eine neue pädagogische Epoche. Goethe nannte es das „Naturevangelium der Erziehung". Niemeyer bezeichnet seinen Verfasser als „den großen Kenner der menschlichen Natur". „Welchen Jugendfreund — sagt er — hätte ein so originelles Produkt als der Emil nicht anziehen sollen? Wer kann ein früheres Buch aus der pädagogischen Literatur nennen, in welchem — neben allen Übertreibungen, Chimären, Einseitigkeiten und Mißbrauch von so nahe liegenden Grundsätzen — dennoch tiefere Kenntnis der Kinderseelen, mehr praktische Philosophie und reinere Moral vereinigt, oder verjährte Erziehungstorheiten und Erziehungsgreuel mit einer siegenderen Beredsamkeit gerügt wären?"[1] Diesterweg sagt, daß Rousseau die Rechte der Kinder entdeckt hat, und Gehrig nennt ihn „den Begründer der ganzen neuen pädagogischen Wissenschaften". Und gewiß muß man diesen Urteilen beipflichten ebenso wie demjenigen Schmidts, wenn er in seiner Geschichte der Päda-

---

1) Niemeyer, Grundsätze der Erziehung und des Unterrichts, herausgegeben von Dr. Wilhelm Rein, 2. Aufl. III. 398.

gogik sagt: „Rousseau's Emil war bei seinem Erscheinen in Frankreich eine That".

Wenn ein Geisteserzeugnis derart bedeutsame Wirkungen hervorbringen konnte, so ist man unwillkürlich versucht zu fragen, ob diese überwältigenden Erfolge nicht etwa gerade durch die völlige Neuheit der in demselben zum Ausdruck gebrachten Gedanken erzielt worden seien. Diese Frage bejahen, hieße jedoch die Verdienste Rousseau's überschätzen, dagegen die seiner Vorgänger zu gering anschlagen.

Denn Rousseau's Emil ist gar nicht zu denken ohne die grundlegende pädagogische Vorarbeit des englischen Philosophen John Locke, wie sie in seinem Werke „Einige Gedanken über Erziehung" vom Jahre 1693 enthalten ist. Fast überall in dem eigenartigen Gebilde des genialen Schweizer-Franzosen entdeckt man die Spuren des scharf denkenden Briten, den jener selbst den „weisen Locke" nennt und den er mehrfach teils im zustimmenden, teils im gegnerischen Sinne mit Namen anführt. Doch überwiegt das letztere so sehr, daß man sagen kann, Rousseau habe, einem fast allgemeinen Gebrauche der Schriftsteller jener Zeit folgend, Locke nur genannt, wo er ihn bekämpft, während er bei Übereinstimmung ihrer jeweiligen beiderseitigen Anschauungen sich einfach stillschweigend auf ihn gestützt hat.[1]

Immerhin besteht die denkbar größte Verschiedenheit zwischen Locke's „Gedanken" und Rousseau's „Emil" sowohl hinsichtlich des Stiles, als auch namentlich hinsichtlich des Zieles beider Schriften. Dort führt der nüchterne Verstand die Herrschaft und ihm entspricht eine klare, schlichte Sprache. Hier dagegen sitzt eine glühende Phantasie auf dem Thron und kleidet sich in das schillernde Gewand einer unübertroffen

---

[1] Ausdrücklich genannt wird Locke's pädagogische Schrift im Emil (übersetzt und erläutert von Dr. C. von Sallwürk, Langensalza 1883, wonach wir nunmehr citieren werden) an folgenden 10 Stellen, von denen nur die erste und fünfte Locke beipflichtend ist: Em. I. § 101; II. § 51; § 104; § 149; § 190; § 197; III. § 145; IV. § 165; § 167; V. § 2.

glänzenden Darstellungsweise. Dort haben wir ein trockenes Kompendium, hier einen geistreichen Roman über das wichtige Werk der Erziehung vor uns.

Gewiß folgt ja Rousseau, wie der größte Teil seiner Zeitgenossen, der Autorität Locke's, dessen Empirismus, wie Sallwürk hervorhebt — „namentlich durch Voltaire's Lettres sur les Auglais (1734) gegenüber dem noch immer in Frankreich herrschenden Cortesianismus mehr und mehr zur Herrschaft gebracht wurde, und der Realismus des englischen Philosophen, der sich der Tagesmeinung so grundsätzlich entgegenstellt und den Trug der Worte so rückhaltlos zerreißt, hatte mit Rousseau's Anschauungen ungemein viel Verwandtes."[1] Allein in seiner Vorrede zum Emil schreibt Rousseau über sein Verhältnis zu seinen Vorläufern: „Ungeachtet so vieler Bücher, die, wie man behauptet, nur den öffentlichen Nutzen im Auge haben, ist das Allernützlichste, das ist, die Kunst, Menschen zu bilden, immer noch in Vergessenheit geblieben. Meine Aufgabe war auch nach dem Buch von Locke eine noch ganz unberührte, und ich fürchte sehr, sie möchte es auch nach dem meinigen noch sein."[2]

Da sieht man also, daß Rousseau, obgleich er Locke's Schrift gründlich studiert und, wie schon gesagt, viel öfter benützt als genannt hat, doch im Grunde etwas wesentlich Anderes schaffen wollte, als in Locke's Absicht lag.

Der Emil ist keineswegs eine in französischer Manier behandelte und bearbeitete Neuausgabe der „Gedanken über Erziehung." Und wir können Lamberts Aufstellung nicht unwidersprochen lassen, welche lautet: „Dieser Emil ist nicht der Sohn Rousseau's, er zeigt die Gesichtszüge und Körperbildung Locke's".[3]

Vor dieser extremen Betonung der Abhängigkeit des jüngeren Autors von dem älteren muß schon die eine Erwägung uns bewahren, daß Rousseau ohne Zweifel ein Genie

---

1) (E. von Sallwürk, Pädagogische Studien 1880 I. 2) Em. Vorrede, Absatz 2. 3) Fr. Lambert, Studien zu J. J. Rousseau's Emil, Halle a. S. 1893. S. 34.

war und als solches kein, wenn auch noch so gewandter Plagiator sein konnte. Jawohl, Rousseau ist ein Schüler Locke's, aber, wie Saftu sehr treffend bemerkt, „ein selbständiger, hochbegabter. Nicht blos, daß er seinen Werken eine vollendete Form gegeben, er hat, trotz seiner Übertreibungen, Locke's Lehre .... ergänzt und vervollständigt, und nicht selten berichtigt."[1]) Eben weil Rousseau in gewissem Sinn die Fortsetzung Locke's bildet, so dürfen die Lehren des Letzteren nicht unterschätzt[2]) oder gar vergessen werden.

Allerdings wird derjenige, welcher in der Geschichte der Pädagogik bewandert ist, wohl wissen, daß ein gut Teil von den heute noch schätzbaren und brauchbaren Erziehungsgrundsätzen Locke's auch schon seinen Vorgängern bekannt war. Aus dem ganzen Werdegang des Mannes ergibt sich seine Beeinflussung durch Bacon's Empirismus, durch des Cartesius Rationalismus, durch Pascals Supranaturalismus, durch die Anschauungen der Jansenisten von der Abtei Port Royal über die Erweckung geistiger Selbständigkeit und nicht zum wenigsten durch die pädagogischen Prinzipien des von ihm so geringschätzig behandelten Montaigne, sowie durch andere Essayisten. Dagegen ist die direkte Beeinflussung Locke's durch den Amos Komensky nicht zweifellos.[3])

Wurzelt nun Locke unbestreitbar mit seinen „Gedanken" in den Lehren jener Pioniere menschlicher Geistesarbeit, die ihm zeitlich voranstehen, so erscheint doch auch er wiederum als der reich befruchtende Säemann auf dem großen Ackerfeld der Pädagogik der folgenden Zeit. Es wird ihm der hohe

---

1) Basilie Saftu, Ein Vergleich der physischen Erziehung bei Locke und Rousseau. Inaug.-Diss. Bukarest 1889. S. 74. 2) Dies ist z. B. bei Emanuel Schärer, John Locke S. 215 cf. S. IX bedauerlicherweise der Fall. 3) Wir möchten uns hier mit einer These am Schluß der Promotionsschrift J. Gavanscul's Versuch einer zusammenfassenden Darstellung der pädagogischen Ansichten John Locke's im Zusammenhang mit seinem philosophischen System. Inaug.-Diss. Berlin 1887 einverstanden erklären, wo es (These III) heißt: „Die Gründe, welche man dafür angeführt hat, daß Locke Comenius benützt habe, sind unzureichend."

Ruhm verbleiben müssen, mit seinem psychologischen Verständnis und ungemeinem praktischen Geschick die eigentlich entscheidenden Probleme der Erziehungskunde aufgezeigt und in den Vordergrund des allgemeinen Interesses gerückt zu haben. Aus diesen und anderen Gründen reicht seine Wirkung und Bedeutung weit über Rousseau und die Philantropinisten hinaus: „Die Pädagogik und Didaktik der neuen Zeit ist die Locke'sche mehr oder minder folgerecht." (F. H. Chr. Schwarz.)[1])

Wie zutreffend dies ist, beweist zur Genüge, um nur eines hervorzuheben, die Herbart-Ziller'sche Konzentrations-Pädagogik, welches ebenso stattliche als kunstvolle Gebäude im wesentlichen eben auch die Hauptideen Locke's zu seinem Fundamente hat. Zillers „Grundlegung zur Lehre vom erziehenden Unterricht", in welcher zuerst die Gedanken der Konzentration in umfassender und gründlicher Weise entwickelt worden sind, ist nach Dörpfelds Urteil „ein Meisterwerk, wie die Pädagogik kein zweites besitzt".[2]) Man kann über die praktische Durchführbarkeit der darin enthaltenen Theorien sehr kritischer Meinung sein, es mögen diese selbst manche Änderungen zu erleiden haben und vielleicht in den und jenen Punkten durch Besseres ersetzt werden, — wie dem auch sei, für die Fortentwickelung der Pädagogik wird immer die Ziller'sche Lehre die Richtung vorzeichnen. Und gerade in dem lebhaftem Interesse an dem geschichtlichen Auftreten des von Locke inaugurierten und von Rousseau mit Begeisterung promulgierten Naturgemäßheits- und Individual-Prinzips innerhalb der modernen philosophischen Pädagogik ist die gegenwärtige Arbeit mitbegründet.

Diese Prinzipien sind inzwischen so sehr zum Gemeingut unseres ganzen erzieherischen Denkens und Handelns geworden, daß uns ihr Ursprung sowie ihr gegenseitiges Verhältnis kaum mehr zum klaren Bewußtsein kommt. Nicht wenig hat hiezu auch der Umstand beigetragen, daß, so frühzeitig man infolge

---

[1) Dr. Ed. Fechtner, John Locke's „Gedanken über Erziehung" dargestellt und gewürdigt. Wien 1894. 2) Dörpfeld, Evangelisches Schulblatt 1875, Heft I. S. 5.

der Verwandtschaft ihrer Bestrebungen die Namen Locke's und Rousseau's in Vergleich gestellt hat, die grundverschiedenen Wege und Mittel, durch die sie die ins Auge gefaßte Umgestaltung des Erziehungswesens zu realisieren trachteten, zu einer gewissen Trübung ihrer wahren Beziehungen zu einander führen konnten und geführt haben.

Obwohl nun über jeden unserer beiden Autoren eine außerordentlich zahlreiche Literatur existiert, so sind doch die Versuche keineswegs allzuhäufig, welche es unternehmen, jene Unklarheit aufzuhellen, das zwischen ihren Lehren bestehende Verwandtschafts- beziehungsweise Abhängigkeitsverhältnis entsprechend zu beleuchten und nachzuweisen, wieviel jeder von ihnen zur Entwicklung der Pädagogik beigetragen hat.

Soweit wir zu sehen vermögen, kommen hiefür eigentlich nur drei Schriften in Betracht. Wenn wir gleichwohl an eine nochmalige Behandlung des Gegenstandes herantreten, so halten wir uns hiezu aus folgenden Gründen für berechtigt.

Die schon oben genannten „Studien zu J. J. Rousseau's Emil" von Oberlehrer Fr. Lambert, deren erstes Heft „die Abhängigkeit J. J. Rousseau's in seiner Erziehungslehre von J. Locke" behandelt, halten wir nach Seiten des vom Verfasser gewonnenen Resultates für zu weit gehend und darum für verfehlt. Außerdem fehlen, wenigstens was Rousseau's Ausführungen betrifft, der quellenmäßige Nachweis der einzelnen Belegstellen völlig. Die ebenfalls schon berührte Arbeit Vasilie Saftu's behandelt nur einen Ausschnitt des Erziehungssystems der beiden Pädagogen, indem sie als ihre eigentliche Aufgabe einen Vergleich „der physischen Erziehung" bei Locke und Rousseau betrachtet, weshalb sie trotz der nach dieser Beziehung erschöpfenden Darstellung für die von uns beabsichtigte Lösung der Frage nicht als genügend betrachtet werden kann.

Es verbleibt demnach nur noch eine ebenso umfassende als gründliche Leistung auf diesem speziellen Gebiet von Corwin[1])

---

1) Robert Nelson Corwin: Entwicklung und Vergleichung der Erziehungslehren von John Locke und Jean Jaques Rousseau. Inaug.-Diss. Heidelberg 1894.

zu erörtern, die in gediegener Weise so ziemlich alles beibringt, was füglich zur Sache gesagt werden kann.

Allein so sehr wir die wissenschaftliche Berechtigung der von ihm zur Anwendung gebrachten streng methodisch-systematischen Darstellungsform im allgemeinen auch anerkennen, so halten wir es doch für möglich und nötig, der charakteristischen Eigenart Locke's und Rousseau's in anderer Weise besser gerecht zu werden, als dies hier geschieht und naturgemäß geschehen kann. Locke und Rousseau verwahren sich nämlich beide — ersterer sogar dem Wortlaut nach,[1]) letzterer wenigstens dem Sinne nach[2]) — mit großer Entschiedenheit dagegen, als hätten sie, jener mit seinen „Gedanken", dieser mit seinem „Emil" eine eingehende „Erörterung", eine „eigentliche Abhandlung", ein streng wissenschaftliches Ganze, kurz ein — System der Erziehung ihren Lesern darbieten wollen. Locke's Buch ist so lose angelegt und Rousseau's progressive Konstruktion des Emil hält sich so wenig an objektiv giltige Begriffe, daß uns streng genommen eigentlich keiner von ihnen eine wissenschaftliche Ueberzeugung geben kann. Wir müssen Bakitsch[3]) zustimmen, wenn er behauptet: „Demnach kann man von Rousseau's Pädagogik mit Recht sagen: sie ist keine Wissenschaft," und, so fügen wir hinzu, vielleicht ist sie gar nicht einmal eine Pädagogik nach ihres Verfassers ureigenster Meinung,[4]) sondern vielmehr ein humanitäres Philosophem, in dem er die Grundzüge einer Persönlichkeitslehre niederlegt, und mit dem er den erfolgreichen Versuch unternommen hat,

---

1) „John Locke's Gedanken über Erziehung." Eingeleitet, übersetzt und erläutert von Dr. C. von Sallwürk. Langensalza 1897. Hiernach werden wir nunmehr citieren, und zwar gemäß dem englischen Buchtitel: „Some Thoughts concerning Education" mittels der Abkürzung „Educ." Obige Stelle findet sich Educ. § 139. cf. § 217. 2) Em. Vorrede, Abs. 1. 3) Woislaw Bakitsch, die Hauptpunkte der Rousseau'schen Pädagogik, wissenschaftlich beleuchtet. Inaug.-Diss. Leipzig 1874. 4) Im 5. Brief De la Montagne sagt Rousseau: „Es handelt sich .... nicht um ein Handbuch für Väter und Mütter, an ein solches habe ich nie gedacht."

die Menschheit in ihre natürlichen Rechte wieder einzusetzen, und zwar in alle natürlichen Rechte, auch die des Geistes.[1]

Unter solchen Umständen halten wir es für angezeigt, in unserer Würdigung der beiden Männer jede von außen herangebrachte gelehrte Schablone einmal bei Seite zu lassen und glauben der köstlichen Frische einer reizvollen Unmittelbarkeit am wenigsten Eintrag zu thun, wenn wir, ohne erst auf die von Corwin in ausgiebigem Maße und von seinem Standpunkt aus auch ganz mit Recht herbeigezogenen philosophischen Voraussetzungen von Locke's und Rousseau's Pädagogik, welche ja ohnehin genügend bekannt sind, näher einzugehen, in knapper Fassung und straffer Führung zunächst die Berührungsmomente und sodann die Differenzpunkte ihrer pädagogischen Ansichten ganz schlicht nach den natürlichen, aus ihren Werken selbst sich ergebenden Stufenfolgen, aber auch hierin wieder in mehr zwangloser Weise zu erholen trachten. Damit wird weder dem nüchternen Doktrinarismus Locke's, noch dem feurigen Enthusiasmus Rousseau's irgendwie Gewalt angethan, was wohl immer mehr oder weniger der Fall ist, wenn man ihre hiefür gänzlich ungeeigneten, mehr vom Augenblick eingegebenen und darum nicht streng folgerichtigen, aber keineswegs etwa um deswillen weniger wertvollen Darbietungen in die Schnürbrust eines fremdartigen Systems zu zwängen sucht.

Allein wird denn nicht durch den Verzicht auf eine systematische Behandlung der Materie die wissenschaftliche Auffassung und Durchführung unserer Aufgabe überhaupt unmöglich gemacht? Wir glauben das nicht.

Denn, wenn es auch schwierig ist, aus Locke's „Gedanken" eine strikte Disposition herauszufinden, so sind im allgemeinen die Leitgedanken des Buches gewiß vollständig klar. Insofern wir uns nun von den darin enthaltenen Prinzipien führen lassen, werden wir einem ebenso sachgemäßen als wissenschaftlich gerechtfertigten Maßstab gewinnen zur Wertung der Locke'schen wie der Rousseau'schen Päda-

---

[1] Sallwürk, J. J. Rousseau, Band II. S. 86 Anm.

gogik, welch letztere selbstredend von jener aus beurteilt werden muß.

Somit bestimmen wir unser Problem dahin, daß wir beabsichtigen, nach dem Wortlaut des Themas in zwei Hauptteilen aufzuzeigen, inwieweit Rousseau Locke gefolgt und von ihm abhängig ist, und sodann worin er abweichende Ansichten vertritt. Daß wir uns hiebei auf die Erwähnung der wichtigsten Stücke beschränken, erscheint für die schließliche Beurteilung ihrer Lehren hinreichend; denn, wenn man die Grundbegriffe heraushebt und klarstellt, so ergeben sich die übrigen Folgerungen von selbst.

Nach den aus der Anlage des Locke'schen Buches entnommenen Gesichtspunkten entsteht für jede der beiden Hauptabteilungen wieder folgende gemeinschaftliche Partition:

Educ. § 2—30 enthält die äußeren Vorbedingungen der Erziehung.

Educ. § 31—146 bespricht die inneren Grundsätze der Erziehung.

Educ. § 147—195 weist nach das praktische Verfahren der Erziehung.

Educ. § 196—217 hebt hervor die abschließende Ergänzung der Erziehung.

I.

Für Locke und Rousseau ist der Körper das Organ der Seele. Seine sorgsame Pflege und Ausbildung ist darum die allererste Voraussetzung für das Gelingen des ganzen Erziehungswerkes. Bei beiden treten alle Maßregeln der pädagogischen Diätetik oder der von Ballexserd zuerst sogenannten „physischen Erziehung,"[1]) je nachdem sie sich auf das vegetative oder animale Leben beziehen, unter dem Gesichtspunkt der Hygiene und der Gymnastik auf, und es wird diesem Gegenstand in ihren Darlegungen ein breiter Raum gegönnt.[2])

Jeder ist der Meinung, daß die Pflege des Körpers ihre wahre Bedeutung nicht in sich selber, sondern nur indirekt für den Dienst des Geistes habe. „Obgleich das Innere die Hauptsache ist — sagt Locke — und unsere wichtigste Sorge auf den Geist sich erstrecken sollte, so ist dennoch seine Erdenhülle nicht zu vernachlässigen".[3])

Doch haben wir nicht blos Uebereinstimmung, sondern vielmehr die unmittelbare Abhängigkeit Rousseau's von Locke zu konstatieren. Er selbst gesteht dies offen zu, wenn er sagt:

„Ueber die Wichtigkeit derselben (der körperlichen Erziehung) habe ich mich schon hinreichend ausgesprochen, und,

---

1) Ballexserd, L'éducation physique, Genève 1762. Inaug. Diss. 2) Educ. § 2—30 und § 196—209. — Im Emil ist eigentlich das ganze erste und zweite Buch hiefür einschlägig. 3) Educ. § 2. Doch lautet die Stelle bei Sallwürk etwas anders, namentlich wird dort statt „Erdenhülle" „Lehmhütte" übersetzt und bemerkt, daß diese Bezeichnung des sterblichen Leibes in der Literatur jener Zeit mehrfach begegne.

da man dafür keine besseren Regeln und keine vernünftigeren Gründe finden kann, als diejenigen, die in dem Buche von Locke zu finden sind, begnüge ich mich, auf dasselbe hinzuweisen, nachdem ich mir erlaubt, einige Bemerkungen zu den seinigen hinzuzufügen".[1]) Fast wörtlich wird von ihm das Bild benützt, welches Locke zur Kennzeichnung des Verhältnisses zwischen Geist und Leib anwendet, in dem Satze: „Der Leib braucht Kraft, um der Seele zu gehorchen: ein guter Diener muß kräftig sein . . . . Je schwächer der Leib ist, desto mehr befiehlt er; je stärker er ist, desto mehr gehorcht er."[2]) Das ist ein deutlicher Anklang an die Locke'sche Stelle: „Wenn nun gehörig Sorge getragen ist, den Leib kräftig und tüchtig zu erhalten, daß er imstande sei, dem Geiste zu gehorchen und dessen Befehle auszuführen u. s. w."[3]) Zum Verständnis dieser Wertschätzung der mens sana in corpore sano bei Locke genügt es nicht, sich zu vergegenwärtigen, daß Locke, ohne eigentlich jemals Praxis auszuüben, ein Arzt von ausgezeichnetem Wissen und Können war,[4]) sondern man muß den letzten Grund hiefür in seiner vom Eudämonismus beherrschten Weltanschauung suchen und seine Gesundheitslehre aus seiner Glückseligkeitslehre ableiten. „Wie notwendig die Gesundheit ist für unseren Beruf und unser Glück und wie erforderlich eine kräftige Leibesbeschaffenheit, welche Beschwerden und Anstrengungen zu ertragen fähig ist, für einen Mann, welcher irgend eine Rolle in der Welt spielen will, ist zu einleuchtend, um eines Beweises zu bedürfen."[5]) Auch bei Rousseau finden wir eine ähnlich vertiefte Auffassung dieser Materie, allerdings modifiziert durch ihre Beziehung auf eine gesunde Erkenntnis und wahre Sittlichkeit.

Im Einzelnen empfiehlt Locke möglichste Abhärtung[6]) und Gewöhnung des Körpers[7]) an Anstrengungen aller Art, um denselben leistungs- und widerstandsfähig, sowie den

---

1) Em. II. § 190. 2) Em. I. § 94 cf. II. § 187. 3) Educ. § 31.
4) In seiner Bescheidenheit freilich nennt er sich selbst „einen Mann, der einige Zeit auf das Studium der Arzneikunst verwendet hat". Educ. § 29. 5) Educ. § 3. 6) Educ. § 4 cf. § 115, 10. 7) Educ. § 5.

Willen dadurch fest zu machen. Er verlangt deshalb, „daß Edelleute ihre Kinder behandeln sollten wie rechte Gutspächter und wohlhabende Bauern die ihrigen".[1]) Jeder Verhätschelung ist vorzubeugen;[2]) ja es schadet sogar nichts, ihnen hie und da absichtlich einen äußeren Schmerz widerfahren zu lassen.[3])

Kinder dürfen keine Stubenhocker sein, deshalb ist häufiger Aufenthalt in frischer Luft erforderlich.[4]) Als weitere Abhärtungsmaßregel bezeichnet Locke täglich zu wiederholende Bäder und Waschungen.[5]) Von den Leibesübungen gymanastischer Art berührt er in diesem Abschnitt vorerst nur das Schwimmen, das ihm nicht nur nützlich, sondern durchaus nötig erscheint.[6]) Gegenüber einer ausgiebigen Körperbewegung darf jedoch das dringende Bedürfnis nach Erholung und Ruhe dem Kinde ja nicht verkümmert werden, „da nichts mehr zum Wachstum und Gedeihen der Kinder beiträgt als der Schlaf."[7]) Derselbe soll zwar reichlichst bemessen werden, jedoch muß ein hartes Lager und noch manches sonstige Mittel der Verwöhnung entgegenwirken.[8]) Derselbe Grundsatz ist auch maßgebend für die Kleidung. Dieselbe darf nicht zu warm und nicht zu eng sein, sondern muß der naturgemäßen Ausbildung des Körpers bei beiden Geschlechtern sich anpassen.[9]) Seine Forderungen hinsichtlich der Diät der Kinder konzentrieren sich auf das Prinzip der Einfachheit und Mäßigkeit, welches wieder durch seinen Lust- und Glücksbegriff bestimmt ist:[10]) nihil habenti, nihil deest. Der besonders in England übliche allzureichliche Fleischgenuß wird für Kinder widerraten,[11]) dagegen Brod als das beste, weil natürlichste Nahrungsmittel für dieses Lebensalter gepriesen.[12]) Ueberhaupt folgt er in allem der Natur hinsichtlich der Leibespflege der Kinder und meint: „es ist sicherer, sie ganz der Natur zu überlassen, als

---

1) Educ. § 4. 2) Ebda. 3) Educ. § 115, 12. 4) Educ. § 9. 5) Educ. § 7. 6) Educ. § 8. 7) Educ. § 21. 8) Educ. § 22. 9) Educ. § 5, § 11, § 12. 10) Educ. § 13, § 14. 11) Educ. § 13. 12) Educ. § 14.

sie in die Hände eines Mannes zu geben, der gleich zum Medizinieren greift."¹) Selbst Störungen der Natur werden am besten durch naturgemäße Hilfsmittel beseitigt und sollen nicht etwa durch die von Locke durchaus verworfenen Arzneien bekämpft werden.²)

Über alle diese auf die äußeren Vorbedingungen der Erziehung bezüglichen Punkte hat sich auch Rousseau im gleichen Sinne ausgesprochen; denn er hat, wie schon gesagt, diese feinsinnigen Beobachtungen des philosophischen Natur- und Menschenkenners Locke vollkommen sich angeeignet und sie für seine Zwecke brauchbar gestaltet, dabei zugleich nach seiner excentrischen Art in vielfache Übertreibungen verfallend, jedoch auch manche neue und überraschende Seite hervorhebend und damit die Locke'schen Ideen teilweise fruchtbar weiterbildend.

Das gilt entschieden zunächst von seiner meister- und musterhaften Darstellung der Säuglingsdiätetik, welche bei Locke ziemlich kurz abgemacht wird, sowie von dem stark hervorgehobenen Grundsatz, daß das Erziehungsgeschäft unmittelbar mit der Geburt des Menschen seinen Anfang nehmen³) und über alle Lebensperioden bis zu dem Zeitpunkt der Selbstversicherung des Zöglings⁴) gleichmäßig sich verbreiten müsse. Und wenn auch Locke die Bedeutung der Sinne für die ganze geistige Erziehung schon erkannt hat, so ist es doch Rousseau's unleugbares Verdienst, die Lehre von der Bildung der Sinne zur höchsten Vollendung gebracht zu haben, wovon, als einem Unterscheidungsmomente beider Denker, im zweiten Hauptteil näher zu handeln sein wird.

Bezüglich der Abhärtung steht Rousseau völlig auf dem Standpunkt Locke's;⁵) nur wird die Sache auf die Spitze getrieben, wenn er sagt: „Man muß es (sein Kind) lehren, wie es sich als selbständiger Mensch erhalte, wie es die Schläge

---

1) Educ. § 29. 2) Ebda. 3) Em. I. § 30. 4) — d. h. es ist alles darauf anzulegen, daß das Kind sich selbst erhalten kann, wenn es Mann geworden ist. 5) Em. I. § 55—59. cf. I. § 123, § 124.

des Schicksals ertrage, dem Überfluß und dem Mangel trotze, wie es, wenn es sein muß, auf den Eisfeldern Islands oder auf dem glühenden Fels von Malta leben könne.[1]) Die Vorschriften, welche Locke hierüber giebt, nennt Rousseau „männlich und verständig",[2]) obwohl er sich dann nicht entgehen läßt, ihm vermeintliche Widersprüche auf diesem Gebiete nachzuweisen.[3]) Körperliche Bewegung will auch er.[4]) Über das Schwimmenlernen spricht er sich allgemeiner aus.[5]) Viel frische Luft ist gleichfalls zu einem glücklichen Gedeihen nötig: Emil wird deshalb auf dem Lande erzogen.[6]) Das Bedürfnis langen Schlafes wird anerkannt,[7]) dagegen jenes von weichen Betten verneint.[8]) Ausführlicher noch als Locke bespricht er die Zweckmäßigkeit einer einfachen und bequemen Kleidung.[9]) Stark gewürzte und gesalzene Speisen will Locke[10]) und Rousseau[11]) gleichmäßig versagt wissen. Der Obstgenuß wird von beiden Autoren lebhaft befürwortet;[12]) doch macht Locke, als vorsichtiger Arzt, auf die Gefahren, die mit dem Genuß von Steinobst und unreifen Beeren unter Umständen verbunden sind, ausdrücklich aufmerksam.[13]) Auch hinsichtlich des Fleischessens der Kinder neigt Rousseau in seiner interessanten Exposé hierüber den vegetarianischen Grundsätzen Locke's zu.[14]) In seiner radikalen Verwerfung von Aerzten und Arzeneien[15]) geht er noch weit über diesen hinaus, der doch wenigstens im Ernstfall die Beiziehung eines Arztes zulassen will.[16])

Nach der im Vorstehenden enthaltenen Darlegung der äußeren Vorbedingungen wendet sich Locke im nächsten Teile seines Buches zur Entwickelung der inneren Grundsätze der Erziehung.

Da gilt es ihm nun als oberstes Prinzip, daß der Fürsorge für die Kraft und Frische des Körpers eine sorgsame

---

1) Em. I. § 32. 2) Em. II. § 197. 3) Ebda. 4) Em. I. § 106 cf. II. § 190. 5) Em. II. § 213, § 214. 6) Em. I. § 119—121. 7) Em. II. § 200. 8) Em. II. 202, § 203. 9) Em. II. § 191—196. 10) Educ. § 13, § 14. 11) Em. II. § 284. 12) Educ. § 20, Em. II. § 288 cf. IV. § 478. 13) Educ. § 20. 14) Em. II. § 289—294. 15) Em. I § 96—105. 16) Educ. § 29.

Kultur des Geistes ergänzend und vervollständigend zur Seite treten müsse. Es geht nicht an, die Verwirklichung des von Locke gleichsam als Motto seiner Schrift vorangestellten Gedanken Juvenals von der gesunden Seele in einem gesunden Leibe [1]) als seinen höchsten Erziehungszweck zu bezeichnen, wie dies Schmidt und andere thun.[2]) Vielmehr schwebt ihm, allerdings auf der damit bezeichneten Grundlage, ein edler tugendhafter Charakter, der sich auch innerhalb der menschlichen Gesellschaft als solcher bethätigt, als sein eigentliches Ideal vor „Tugend also, aufrichtige Tugend ist der schwierige und wertvolle Teil, wornach in der Erziehung gestrebt werden muß".[3]) Dasselbe Ziel sucht thatsächlich auch Rousseau zu erreichen, wenngleich er es anders theoretisiert. „Es giebt nichts schöneres als die Tugend." „Nichts ist so liebenswürdig als die Tugend," ruft er in seiner ethischen Begeisterung aus und setzt damit den nämlichen absoluten Endzweck, den die Erziehung zu verfolgen hat,[4]) wie Locke es thut. Die Möglichkeit der Erziehung ergibt sich für beide Pädagogen aus ihrem deterministischen Standpunkt von selbst. „Es gibt zwar Menschen," sagt Locke, „deren Körper- und Geistesbeschaffenheit so kräftig ist, und die von der Natur so gut bedacht sind, daß sie des Beistandes von anderen nicht viel bedürfen, sondern durch die Kraft ihrer natürlichen Begabung von der Wiege an zur Vortrefflichkeit hingeleitet werden und durch das Vorrecht ihrer glücklichen Veranlagung fähig sind, Wunder zu thun. Aber Beispiele dieser Art giebt es nur wenige, und ich darf wohl sagen, daß von allen Menschen, denen wir begegnen, neun unter zehn das, was sie sind, gut oder böse, brauchbar oder unnütz, durch ihre Erziehung sind.[5])

Freilich hat dies auch seine Schranken, nämlich an der Eigenart[6]) und an den natürlichen Bedürfnissen[7]) der Kinder.

---

1) Educ. § 1. 2) Karl Schmidt, Geschichte der Pädagogik, Cöthen 1870, Bd. III. S. 288. — Ebenso Dr. Otto Doit, die Pädagogik John Lockes, Plauen 1877, S. 8. 3) Educ. § 70, 8 cf. § 33 cf. § 135. 4) Em. V § 319 ff. 5) Educ. § 1 cf. § 32. 6) Educ. § 66, 2; § 101 cf. § 102. 7) Educ. § 107, 1.

Sogar den Fall nimmt er an, daß die erziehliche Beeinflußung sich als völlig wirkungslos erweist gegenüber einer durchaus unbildsamen Natur, wo dann nichts übrig bleibt, wenn man einen solchen Sohn hat, „als für ihn zu beten."¹) Auch Rousseau kann die Erziehungsmöglichkeit nicht leugnen²) trotz der von ihm so stark betonten Allgenugsamkeit der Natur, schon um der von ihm perhoreszierten Anerkennung des materialistischen Axioms von „l'homme machine" zu entgehen. Aber ihm ist gegenüber der von Locke geforderten aktiven Einmischung des Leiters die Erziehung überwiegend negativ,³) namentlich in der ersten Lebensperiode. Auf die Frage: „Was haben wir nun zu thun, um diesen seltenen Menschen zu bilden?" antwortet er: „Viel ohne Zweifel: — verhüten, daß etwas gethan werde."⁴) Dieses Verfahren hat in erster Linie behütend,⁵) abwehrend⁶) und vorbeugend⁷) zu wirken, er nennt es seine „zurückhaltende Methode".⁸)

Da Locke und Rousseau keinerlei angeborene Ideen gelten lassen, so haben natürlich die äußeren Sinneseindrücke eine ganz hervorragende Bedeutung für die Ideenbildung, für die Verstandesrichtung und für die Willensgestaltung des Menschen. Dieselben dürfen in ihrer Entstehung und Verbindung nicht dem Zufall überlassen bleiben, somit wird die Erziehung geradezu eine Forderung unbedingter Notwendigkeit!⁹)

Nach welchen Grundsätzen ist nun demnächst dieses Erfordernis zu verwirklichen? „Die Hauptsache," sagt Locke, „die man in der Erziehung bedenken muß, ist, welche Gewohnheiten man einpflanze; daher möge man in diesen wie in allen Dingen verhüten, irgend etwas gewohnheitsmäßig werden zu lassen, dessen Übung man nicht will fortsetzen und (sich) steigern lassen."¹⁰) „Was sie nach deinem Urteil notwendig thun müssen, das befestige in ihnen durch unerläßliche Übung,

---

1) Educ. § 87. 2) Em. I. § 5. 3) Em. II. § 67. 4) Em. I. § 27 cf. II. § 162. 5) Em. II. § 77. 6) Ebda. 7) Em. II. § 66. 8) Em. II. § 152. 9) Educ. § 167, 3 cf. Em. II. § 70 ff. 10) Educ. § 18, 2.

so oft die Gelegenheit dazu wiederkehrt, und wenn es möglich ist, führe Gelegenheiten selbst herbei."¹) Damit haben wir gleich zwei auch von Rousseau nachdrücklichst eingeschärfte und folgerichtig durchgeführte Prinzipien vor uns. Denn es entspricht dem zweiten Teil der erstgenannten Stelle aus den „Gedanken", wenn er hinsichtlich der körperlichen Angewohnheiten sagt: „Die einzige Gewohnheit, die man bei dem Kinde darf aufkommen lassen, ist die, daß es keine Gewohnheit annehme."²) Im übrigen schätzt er diesen für die Willensbildung und die gesamte moralische Erziehung so wichtigen „geistigen Naturtrieb", — wie es Corwin bezeichnet,³) nicht minder hoch als Locke, was wir deutlich aus folgenden Worten ersehen können: „Willst du die Wirkung einer glücklichen Erziehung auf das ganze Leben erstrecken, so erhalte durch die Jugend hindurch die guten Gewohnheiten der Kindheit, und wenn dein Zögling ist, was er sein soll, so sorge nur, daß er zu allen Zeiten derselbe sei."⁴) Auch den anderen Gedanken Locke's hat er sich angeeignet, wenn er sagt: „die Worte haben keinen Wert, wenn man nicht den Augenblick dazu vorbereitet hat."⁵) Damit den Kindern das von ihnen erheischte Denken und Handeln gleichsam zu einem instinktiven werde, benützt Locke weiter die auf dem Nachahmungstriebe⁶) beruhende Macht des Beispieles.⁷)

Die hievon erwartete Wirkung läßt ihn auf alle Regeln verzichten. „Wenig Jahre bedürfen nur weniger Gesetze und wenn er an Alter zunimmt, magst du, wenn einmal eine Regel durch die Übung recht befestigt ist, eine andere hinzufügen."⁸) Ganz so auch Rosseau: „Wer sagt euch denn, ... daß all die schönen Lehren, womit ihr den schwachen Geist eines Kindes überladet, ihm nicht eines Tages mehr verderblich sein werden als nützlich,"⁹) wenngleich seine

---

1) Educ. § 66, 1. 2) Em. I. § 136. 3) Robert Nelson Corwin, Entwickelung und Vergleichung der Erziehungslehren von John Locke und Jean Jacques Rousseau. 4) Em. V. § 267. 5) Em. IV. § 378. 6) Educ. § 152 cf. Em. II. § 107. 7) Educ. § 71, § 82, § 63. 8) Educ. § 65, 2. 9) Em. II. § 13.

Prämisse von derjenigen Locke's verschieden ist. So auch lautet ihr Urteil rücksichtlich der Macht des Beispiels übereinstimmend. „Kinder," sagt Locke, — „ja auch Erwachsene — lassen sich in den meisten Dingen vom Beispiel bestimmen."[1]) Und Rousseau ruft aus: „Beispiele, Beispiele! ohne sie richtet man bei Kindern nie etwas aus."[2]) Große Besorgnis hegen Beide vor dem Einfluß des schlimmen Beispiels, wie es namentlich die Dienstboten häufig geben, und warnen eindringlich vor den daraus entspringenden Gefahren.[3]) Dieselben sind besonders groß wegen der natürlichen Neugierde der Kinder, die ja allerdings zunächst „nur ein Gelüsten nach Kenntnis" ist und deshalb in ihnen gefördert werden soll,[4]) indem man sie zur Befriedigung der Wißbegier benützt durch richtige Beantwortung der von den Kindern gestellten Fragen.[5]) Dadurch wird ein für die Erziehung ganz unentbehrlicher Moment erzielt, nämlich die Wachrufung und Wacherhaltung des Interesses. Wie er dies auffaßt und welche Erfolge er mit Hilfe dieses bedeutsamen Motivs selbst erzielt hat, bemerkt Locke in seiner liebenswürdig bescheidenen Weise im 4. Absatz der Widmung seines Buches an Herrn Edward Clarke von Chipley, wo er sagt, daß er seinen Zögling[6]) dahin gebracht habe „sein Buch gern zu haben, aus dem Lernen sich ein Vergnügen zu machen und, was wirklich bei ihm der Fall ist, Unterricht in mehr Dingen zu verlangen, als seine Umgebung jedesmal passend findet ihn zu lehren."[7]) Weder er noch Rousseau betrachtet es als Hauptaufgabe der Erziehung, dem Schüler ein möglichst umfangreiches Wissensmaterial zu vermitteln,[8]) sondern beide sahen sie darin, den Zögling zur geistigen Selbstthätigkeit anzuregen, in ihm Liebe und Achtung für

---

1) Educ. § 67, 4 cf. § 71 cf. § 82, § 63. 2) Em. V. § 79. 3) Educ. § 59, § 68, § 69, § 70, § 107, § 138 cf. Em. II. § 73. IV. § 34. 4) Educ. § 118 cf. § 108. 5) Educ. § 118—121. Em. III. § 15, § 35. 7) Francis Masham ist gemeint, der 1686 geborene Sohn der Lady Masham in Oates, in deren Hause Locke seit 1691 lebte. 7) Widmungsschreiben, Absatz 4. 8) Educ. § 94, 6 cf. § 147, 1. Em. III. § 7, § 96 („ich hasse die Bücher").

die Wissenschaft zu erwecken und ihn anzuleiten, sich selbst zu erkennen und weiterzubilden, wenn er Lust dazu hat, — ganz im Gegensatz zu dem damals so hochgeschätzten schalostischen Wust eines öden Gedächtniskrames.[1])

„Unmittelbares Interesse, das ist die große und einzige Triebfeder, die sicher und lange wirkt."[2]) Hierin finden beide Pädagogen gleichmäßig „das große Geheimnis der Erziehung",[3]) nämlich die Arbeit zum Spiel und das Spiel zur Arbeit zu machen,[4]) was noch durch die Lehre von der Erholung des ermüdeten Teiles erweitert wird.[5]) Das ist Locke's und Rousseau's[6]) centraler pädagogischer Gedanke, der sich bis auf die Gegenwart, im richtigen Maße angewendet, als überaus fruchtbar erwiesen hat.[7]) Zur Förderung dieses Zweckes wird vornehmlich auch die Benützung des Thätigkeits- und Wissensdranges der Kinder als geeignet und nutzbringend erachtet,[8]) wobei freilich Rousseau keinerlei Wißbegierde aus Ehrgeiz will gelten und aufkommen lassen.[9]) Nichts ist eben nach seiner Ansicht schlimmer, als die zur Eigenliebe[10]) entartete Selbstliebe, welch letztere unsere eigene und einzige natürliche Leidenschaft[11]) und auf die Selbsterhaltung gerichtet ist; während die erste uns antreibt, uns im Vergleich zu anderen zu lieben, uns diesen vorzuziehen und zu verlangen, daß auch

---

1) Educ. § 195, 2. Em. III. § 15. cf. Educ. § 70, 2. 2) (Em. II. § 150. 3) Educ. § 46, § 56. Em. III. § 60. 4) Educ. § 129, § 76, § 197. 5) Educ. § 108, 2 cf. Em. III. § 60. 6) Em. III. § 60, § 164. 7) Dr. R. Staube, die kulturhistorischen Stufen im Unterrichte der Volksschule (Päd. Studien von Dr. Rein, neue Folge, Heft II S. 3 und 4) führt aus: „das Interesse ist die Leuchte, mit der Herbart ein für allemal in die dunklen und labyrinthischen Gänge der Pädagogik die Klarheit des Tages gebracht hat; es ist das Zauberwort, das allein dem Unterrichte die Macht gibt, die Geister der Jugend zu rufen und dem Zweck des Meisters dienstbar zu machen; es ist der lange Hebelarm der Erziehung, der, leicht und freudig vom Lehrer bewegt, allein das jugendliche Wollen in die gewünschte Bewegung und Richtung bringen kann." 8) Educ. § 129 cf. § 152, § 118 cf., § 108. Em. I. § 143. III. § 11. 9) Em. III. § 95. 10) Em. IV. § 10—12 cf., IV. § 14. 11) Em. II. § 62.

diese hinwiederum uns sich selbst vorziehen sollen. Das ist die Wirkung der Gesellschaft auf den Menschen.¹) Vor diesen verhängnisvollen Einflüssen zu bewahren vermag nur die „häusliche"²) oder — wie er sie noch nennt — die „Erziehung der Natur";³) denn die öffentliche Erziehung wird von ihm im Hinblick auf die bestehenden, allerdings recht traurigen Unterrichtsverhältnisse jener Zeit als eine lächerliche Sache bezeichnet. 4) So wird er, ähnlich wie vor ihm schon Locke, freilich aus anderen Gründen wie dieser, zur Hofmeistererziehung geführt. Doch können wir Corwin nicht beistimmen, wenn er sagt: „Der Hofmeister bildet notwendigerweise ein Glied in seinem (Rousseau's) System"⁵) und Rousseau der Inkonsequenz zeiht, daß er nicht mit Locke primär die Erziehung dem Vater zur Pflicht macht.⁶) Rousseau thut dies in der That und in so unzweideutiger Weise,⁷) daß hier⁸) wie dort⁹) der Erzieher nur als ein subsidiärer Faktor, — ein Notbehelf erscheint, dem praktischen Engländer wegen der herrschenden Mißstände, dem sensitiven Romanen im Sinne eines Übergangsstadiums zu der von ihm erträumten Menschheitserneuerung, nach deren Vollzug der Erzieher ein für allemal überflüssig geworden ist, weil dann eben jeder Vater selbst die ihm obliegenden Pflichten erfüllen kann und wird. ¹⁰) Wir stimmen demnach Höffding bei, wenn er sagt: „Man muß den Erzieher im Emile als zum äußeren Rahmen der Darstellung gehörend, nicht als ein wesentliches Element der pädagogischen Lehre auffassen." ¹¹) Den mannigfachen und eingehend motivierten von Locke geforderten Eigenschaften des Erziehers ¹²) stellt Rousseau als erste und inhaltsreichste die Bedingung gegenüber, „daß er sich nicht kaufen lasse"; ¹³) denn „der Erzieher soll im Kinde ganz aufgehen, damit das

---

1) Em. I. § 18 cf. III. § 103. 2) Em. I. § 26. 3) Ebda. 4) Em. I. § 23, § 24. 5) Robert Nelson Corwin, a. a. O. S. 80. 6) Ebda. cf. S. 109. 7) Em. I. § 69. 8) Em. I. § 64, § 67. 9) Educ. § 70 cf. § 94, 6. 10) Em. V. § 497 cf. I. § 69. 11) Harald Höffding, Rousseau und seine Philosophie, Stuttgart 1897. S. 149. 12) Educ. § 90—95. 13) Em. I. § 66.

Kind in die Dinge, mit denen es sich beschäftigt, ganz aufgehen könne."[1]) Was die Methode betrifft, so stimmen auch hier unsere Pädagogen im wesentlichen überein. Für Locke hat Kuno Fischer den leitenden Gesichtspunkt folgendermaßen präzisiert: „Die Erziehung werde Erfahrung, die Kunst des Erziehers verwandle sich in die naturgemäße Entwicklung des Zöglings, sie sei nirgends Dressur oder Abrichtung, sondern durchgängige Leitung, richtig geleitete Entwicklung."[2]) Daher ergibt sich die große Aufgabe, die Eigenart des Kindes zu erforschen,[3]) denn es wird kaum zwei Kinder geben, die man nach einer und derselben Methode behandeln könnte. Dies hat aber so frühzeitig wie möglich zu geschehen,[4]) denn die kindliche Seele, noch ohne List und Trug, läßt sich leicht enträtseln;[5]) besonders wenn sie keinem Zwange unterworfen ist wie beim Spiele, — hier stellt sie sich am reinsten und unbefangensten dar.[6]) Locke ist überhaupt ein feiner Kenner und ein begeisterter Lobredner des kindlichen Spieles[7]) und hat mit seinen Anschauungen von dem Werte desselben ganz sicher auch Rousseau direkt beeinflußt.[8]) Daß dieser ebenfalls die strengste Individualisierung beim pädagogischen Regierungs-, Zucht- und Unterrichtsverfahren fordert,[9]) ist wie bei Locke durch den ganzen psychologischen Standpunkt begründet und erweitert sich zu seinem progressiven, d. h. der jeweiligen Entwicklungsstufe sich anpassenden System. Rousseau unterscheidet eine dreifache Erziehung: ihre Quellen sind „entweder die Natur oder die Menschen oder die Dinge."[10]) Eine solch subtile Distinktion können wir von Locke nicht erwarten, doch wäre es unrecht zu verkennen, daß auch er die Natur des Zöglings als das eigentliche Substrat der Erziehung betrachtet, und daß in seinem auf schlichte und anspruchslose Art durchgeführten Natur- und Individual-

---

1) Höffding, a. a. O. S. 148. 2) Kuno Fischer, F. Bacon und seine Nachfolger, 2. Aufl. Leipzig 1875, S. 646. 3) Educ. § 101, § 102. 4) Ebba cf. § 34—36. 5) Ebda. 6) Educ. § 123. 7) Educ. § 124—129. 8) Em. II. § 231, § 245, § 265. 9) (Em. I. § 74. 10) Em. I. § 6.

Prinzip die kühne und schwungvolle Apokalypse von der Omnipotenz dieser Ideen durch Rousseau bereits fundamental präformiert war. In der Anwendung des „naturam sequi" divergieren sie allerdings, insofern dieser die von jenen geforderte[1]) direkte Einmischung in den natürlichen Gang der Dinge nur mit großen Vorbehalten gestatten will, denn „alles ist gut, wie es hervorgeht aus den Händen des Urhebers der Dinge; alles entartet unter den Händen des Menschen."[2]) Freiheit von allem naturwidrigem Zwang,[3]) bei Rousseau selbst von dem ihm verhaßten Zwang der Bücher,[4]) Selbstthätigkeit,[5]) Selbsterfahren,[6]) völlige Anschaulichkeit in leibhaften Beispielen und Vorführungen,[7]) das sind die Stützpunkte ihrer beiderseitigen Methodik, welche von Locke in mehr synthetischer, von Rousseau in mehr analytischer Weise ausgebaut worden ist, wobei jedoch die Berechtigung einer Vermischung dieser Arten und des Gebrauches der daraus entstehenden genetischen Methode ausdrücklich zugestanden wird.[8])

* * *

Locke macht nun die Probe auf die Brauchbarkeit seiner Maximen, indem er sie zunächst anwendet in Bezug auf die Gemütsanlage der Kinder: er behandelt das, was man gewöhnlich die moralische Erziehung zu nennen pflegt, in dem weiteren Verlaufe seines Buches. Für Locke besteht die Tugend gemäß seiner Anschauung, daß der Wille völlig unter der Herrschaft des Intellekts stehe, in der Fähigkeit, „seine eigenen Wünsche sich zu versagen, seinen Neigungen entgegenzutreten und lediglich dem zu folgen, was die Vernunft ihm als das beste erweist, wenn auch die Begierde irgendwo anders hinneigt."[9]) Gerade in dieser Selbstbeschränkung

---

1) Educ. § 167, 5 cf. § 66, 2. 2) Em. I. § 1. 3) Educ. § 76 cf. § 128, § 202. 4) Em. III. § 96. 5) Educ. § 129, § 130. Em. III. § 15. IV. § 147. 6) Educ. § 67. Em. III. § 18, § 20. 7) Educ. § 82 cf. § 136, § 178 cf. Em. IV. § 147. 8) Educ. § 195, 8. Em. III. § 29. 9) Educ. § 33, § 38.

findet er den Begriff der wahren Freiheit, denn „sonst wären die Narren die einzigen freien Menschen".[1]) Hiezu gelangt man aber wieder lediglich durch frühzeitige Gewöhnung,[2]) und das Kind wird darin am besten erhalten und befestigt durch das Beispiel persönlicher Tüchtigkeit, welches ihm seine Umgebung darbieten muß.[3])

Von ihrem eigenartigen philosophischen Standpunkte aus und bei ihren damit zusammenhängenden pelagianischen Moralismus betrachten Locke und Rousseau die Erscheinungen der entarteten Natur nicht juristisch-theologisch, d. h. als Verschuldungen, die gesühnt, sondern als Krankheiten, als Fehler, die geheilt und verhütet werden müßten. So läßt sich bei beiden eine sozusagen „pathologische", eine negativ-vernichtende Methode nachweisen, die auf Beseitigung der einer gewollten Tugend entgegenstehenden Hindernisse abzielt.[4])

Zu den allgemeinsten kindlichen Fehlern rechnet Locke die Freiheitsliebe und Herrschsucht und das Begehren, jeden Wunsch absolut erfüllt zu sehen — „weil sie ihren Willen durchsetzen wollen". Dieser Eigenwille muß mit aller Kraft aber zugleich in weiser Berücksichtigung thatsächlich vorhandener Bedürfnisse gebrochen werden.[5]) Dies ist auch Rousseaus Meinung.[6]) Ganz abweichend ist dieselbe [7]) jedoch von Locke's Anschauungen über Freigebigkeit und Redlichkeit.[8]) Dahingegen lehnt er sich in seiner hochinteressanten Diatribe über das Eigentum fast wörtlich an den englischen Autor an.[9]) Dem Mut und der Tapferkeit steht gegenüber die Furcht und Ängstlichkeit, bezw. Feigheit, da [10]) wie dort [11]) Jeder von Beiden will auch sorgfältig alles vermieden wissen, was die Grausamkeit

---

1) John Locke, Versuch über den menschlichen Verstand II, 20 § 50. 2) Educ. § 34. 3) Educ. § 89. 4) R. A. Spitzner, Natur und Naturgemäßheit bei J. J. Rousseau. Inaug.-Diss. Jena 1891. 5) Educ. § 103—107. Über das Schreiweinen § 111—114. 6) Em. I. § 148—153 cf. § 154—165. 7) Em. II. § 104, § 108. 8) Educ. § 110. 9) Ebda cf. Em. II. § 82—89. 10) Educ. § 115, 4. 9. 6. 11) Em. I. § 138 ff. Hieher gehört auch Rousseaus Theorie über die Spiele der Kinder bei Nacht. (Em. II. § 221 ff.

im Zögling erwecken oder befestigen könnte, etwa dadurch, daß Erwachsene sich im Scherz von Kindern schlagen lassen, oder daß man die blutigen Heldenthaten der Geschichte ihnen als etwas Preiswürdiges hinstellt.[1]) Hiezu bildet die Antithese das Gefühl der Sympathie und des Wohlwollens,[2]) dessen Entstehung allerdings je nach dem beiderseitigen Standpunkt verschiedenartig begründet wird. Das Moralprinzip der Menschenliebe gipfelt für Rousseau in dem Satze: „Die einzige Sittenvorschrift, die der Kindheit angemessen und für jedes Alter die wichtigste ist, ist die, daß man Andern nie Übles zufüge."[3]) Allen sittlichen Ideen zuwiderlaufend ist die Unwahrhaftigkeit. Dieses entwürdigende Laster ist nach Locke dermaßen zu bekämpfen, daß man bei der ersten Lüge, „eher darüber als über einer ungeheuerlichen Erscheinung an ihm sich erstaunt zeigen, als sie wie einen gewöhnlichen Fehler rügen"[4]) sollte. Rückfall erfordert scharfe Zurechtweisung, und will auch dies Rezept nicht fruchten, dann muß man zu Schlägen greifen[5]) — der ultina ratio[6]) aller Zucht, die nur bei Trotz und Hartnäckigkeit,[7] als was sich eben vorbedachtes Lügen stets qualifiziert,[8]) angemessen erscheint. Dies sind die einzigen Fälle, wo Locke die sonst von ihm grundsätzlich verbannte Rute[9]) zuläßt, freilich mit der durchaus unpädagogischen, der Jesuitendisziplin entlehnten Modifikation, daß sie ohne jeden Affekt[10]) und am besten sogar durch fremde Hand zur Anwendung gelange.[11]) Was überhaupt die Strafen betrifft, so will er keinerlei Scheltworte und andere „knechtische" Mittel,[12]) weil sie den Charakter vorrohen und erniedrigen;[13]) denn zu große Strenge bricht zwar momentan den Widerstand, macht jedoch das Kind zu einem schlaffen energielosen Wesen.[14]) Noch mehr entkleidet Rousseau die Strafe jedweden

---

1) Educ. § 116, 1. Em. II. § 289. Educ. § 116, 2. Em. IV. § 104—111 cf. § 126. 2) Educ. § 139. Em. II. § 107—109. 3) Em. II. § 108 cf. Educ. § 117. 4) Educ. § 131 cf. § 85. 5) Educ. § 131. 6) Educ. § 84. 7) Educ. § 78, § 84. 8) Educ. § 131. 9) Educ. § 47, § 107, 3. 10) Educ. § 83. 11) Ebda. 12) Educ. § 77, § 43, § 44, § 50. 13) Educ. § 46. 14) Ebda.

forensischen Charakters, sie soll vielmehr, wie beim Lügen, so auch sonst, in den natürlichen Konsequenzen eines solchen verkehrten Verhaltens für den kleinen Sünder bestehen.¹) Indeß warum sollte ein Kind von Natur aus lügen?²) Dies empörende Laster wird erst aus der Umgebung und durch lügenhafte Erwachsene gelernt, — darin herrscht beiderseitige Uebereinstimmung.³) Obwohl Locke, nachdem er auch noch über die Behandlung von lügenhaften Entschuldigungen der Kinder⁴) sich ausgelassen hat, wie er selbst hervorhebt,⁵) hier einen entschiedenen Abschnitt in seinem Buche macht, so glauben wir doch die unmittelbar folgende Materie, weil und soweit sie mit den eben besprochenen unleugbar innig verwandt ist, in diesen Teil unserer Gliederung mit heraufnehmen zu sollen.

Denn sogleich der nächste Punkt, welcher die Höflichkeit und feine Lebensart im Gegensatz zur Ungeschliffenheit betrifft,⁶) ist ja von ihm im Anschluß an die Weltkenntnis⁷) schon berührt worden. Die letztere hält er für das beste Schutzmittel gegen die Gefahren der Welt,⁸) ganz wie wir dies auch Rousseau betonen hören für den von ihm mit einer „zweiten Geburt"⁹) verglichenen Eintritt des Pubertätsalters. Zwar vollzieht sich nach ihm das Studium der Gesellschaft auf historischem Wege, sodann aber wird die Kenntnis derselben im wirklichen Leben aus eigener Anschauung und Erfahrung erlangt.¹⁰)

Allerdings mit der Locke'schen Höflichkeit, im Sinne einer Tugend, weiß er nichts anzufangen, denn er faßt sie eben nur als äußeren Schliff, der, weil aus der Gesellschaft stammend und darum der Natur widersprechend, keine Berechtigung hat neben der einzig giltigen Höflichkeit des Herzens.¹¹) Indeß hier liegt entschieden ein Mißverständnis vor; denn

---

1) Em. II. § 94, § 36. 2) Em. II. § 96. 3) Em. II. § 99. Educ. § 37, 3, § 131. 4) Educ. § 132. 5) Educ. § 133. 6) Educ. § 141 f. cf. § 143. 7) Educ. § 94, 1. 8) Educ. § 94, 4. 9) Em. IV. § 6 cf. IV. § 2, § 4. 10) Em. IV. § 401—407. 11) Em. II. § 39.

gerade die letztere hat auch Locke im Auge,¹) und darum ist sie ihm die liebenswürdigste aller sozialen Tugenden.²)

Zusammenfassend bemerken wir noch, wenn Rousseau den übertriebenen Satz aufstellt: „Wer das Kind Tugenden lehrt, lehrt Laster", so ist derselbe nach seinem inneren Wahrheitsgehalt durchaus auf Locke zurückzuführen, der damit nur sagen wollte, daß nach dieser Richtung hin begangene Mißgriffe höchst schädliche Folgen haben können, aber nicht unter allen Umständen solche haben müssen.

* * *

In Locke's pädagogischer Abhandlung bildet unstreitig das Stück vom praktischen Verfahren der Erziehung, soweit dasselbe die Darbietung eines geordneten Lehrganzen und eines planmäßigen, zielbewußten Unterrichts darin zum Gegenstande hat, weitaus den schwächsten Teil. Auch von Rousseau wird man ähnliches sagen dürfen. Denn, wenn wir oben lobend hervorhoben, daß dieser wie jener die Wichtigkeit des Interesses für alle erzieliche Thätigkeit erkannt und herausgestellt habe, — so muß dies hier eine ganz bestimmte Einschränkung erfahren. Damit, daß Locke vorschreibt: „In allen Teilen der Erziehung darauf zu denken, daß die meiste Zeit und der größte Eifer auf das gewendet werden muß, was für den gewöhnlichen Verlauf und die Verhältnisse des Lebens, wofür der junge Mann bestimmt ist, voraussichtlich die größte Wichtigkeit und die häufigste Verwendung findet",³) hat er, ganz wie dies auch Rousseau thut,⁴) das mittelbare Interesse des Nutzens zum Prinzip erhoben, das zwar zur Berufs= und Fachbildung dienlich ist, aber niemals für die Erziehung als solche maßgebend sein darf, — für diese hat einzig nur das unmittelbare vielseitige Interesse pädagogische Berechtigung.⁵) Dies kommt hier aber entschieden

---

1) Educ. § 143. 2) Educ. § 141—146 cf. § 93, § 67. 3) Educ. § 198. 4) Em. III. § 65, § 66 cf. III. § 7. 5) Chr. Ufer, Vorschule der Pädagogik Herbarts, Dresden 1888. S. 46 f.

zu kurz, worüber man sich auch nicht durch Rousseau's Betonung der Sachen gegenüber den Formen und Zeichen,[1]) sowie durch Locke's realistische Philosophie[2]) gegenüber dem Verbalismus seiner Zeit hinwegtäuschen lassen darf. Die durch Bacon schon angebahnte Wertschätzung der Realien, des naturkundlichen Unterrichtes u. s. w. bei unseren beiden Autoren verdient als keim- und triebkräftiges Moment für die moderne Ausgestaltung des ebenso wie die historische Belehrung einschließlich der Religion unter die Forderung des Gesinnungsunterrichtes[3]) fallenden so lange vernachlässigten konzentrierten[4]) naturkundlichen Unterrichts die vollste Anerkennung. So finden wir namentlich bei Rousseau beinahe in der That so etwas wie einen Konzentrationsstoff, wie er nach Herbart-Ziller'scher Lehre in den sogenannten kulturhistorischen Stufen[5]) repräsentiert ist, wenn er De Foës Robinson Crusoë als das einzige für den Knaben passende Buch bezeichnet,[6]) und zwar um deswillen, weil es die Bedürfnisse der gesamten Menschheit unter den weitumfassenden Begriff des natürlichen wirklichen Lebens kennen lehrt.

Doch, wie schon angedeutet, es wird in beiden Systemen die Bedeutung der geistigen Erziehung viel zu gering veranschlagt, weshalb wir uns auch diesbezüglich sehr kurz fassen können.

In Rousseau's Aufstellung der einzelnen Unterrichtsfächer ist Locke's Einfluß ganz deutlich wahrzunehmen. Ein Verzeichnis derselben umfaßt ursprünglich, d. h. mit Berücksichtigung von Rousseau's erstem Erziehungsplane,[7]) für beide

---

1) Em. III. § 71 cf. III. § 26. II. § 119. 2) Educ. § 169 cf. § 98. 3) Tuiscon Ziller, Vorlesungen über allgemeine Pädagogik § 21 S. 165. Johann Friedrich Herbart, Aphorismen, Werke, Bd. XI S. 451. Dörpfeld, Grundlinien einer Theorie des Lehrplans, Gütersloh 1873, 3. Aufl. S. 1. 4) Ziller, Grundlegung zur Lehre vom erziehenden Unterricht 2. Aufl. Leipzig 1884 S. 455. Stoy, Encyklopädie der Pädagogik, 2. Aufl. Leipzig 1879. S. 70. 5) R. Staube, die kulturhistorischen Stufen im Unterricht der Volksschule. (Pädagogische Studien von Rein, neue Folge, Heft II.) 6) Em. III. § 98—100. 7) Projet pour l'éducation de M. de Sainte-Marie vom Jahre 1740.

Autoren zusammen nachfolgende Disziplinen: Geographie,[1]) Chronologie,[2]) Astronomie,[3]) Naturbeschreibung,[4]) Physik,[5]) Geometrie,[6]) Arithmetik,[7]) Moral,[8]) Civilrecht,[9]) (bei Locke auch Landesgesetze,[10]) Geschichte[11]) und Religion,[12]) Sprachen,[13]) Rhetorik,[14]) Logik,[15]) Stilistik,[16]) Lesen,[17]) Schreiben,[18]) [bei Locke auch Stenographie[19])], Zeichnen[20]) und Musik.[21]) Dazu noch an Fertigkeiten bei Locke Fechten,[22]) Tanzen,[23]) Schwimmen[24]) und Reiten.[25])

Es muß freilich hervorgehoben werden, daß Rousseau nachmals im Emil in mancherlei Beziehung einen vom ersten Erziehungsplan wesentlich verschiedenen, ja demselben sogar mitunter diametral entgegengesetzten Standpunkt einnimmt,[26])

---

1) Educ. § 166, § 178, 180. Em. III. § 16—31 cf. III. § 52. 2) Educ. § 178, § 182, § 183. Projet 8. 3) Educ. § 166, § 169, § 180. Em. III. § 23—29. 4) Educ. § 169, § 190. Em. III. § 15, § 58. 5) Educ. § 194. Em. III. § 38 ff. 6) Educ. § 166, § 178, 1. § 181, 1. Em. III. § 10 II. § 257—264. 7) Educ. § 178—180. Em. V. § 48 (Rechnen der Mädchen). 8) Educ. § 185. Projet 10. Em. II. § 126 (Moral der Geschichte). 9) Educ. § 186. Projet 10 (wo es „Naturrecht" heißt; im Emil dagegen wird dieses Fach schroff abgelehnt: Em. V. § 376). 10) Educ. § 187. 11) Educ. § 184. Em. IV. § 103 ff. cf. II. § 126 cf. Educ. § 116, 2. 12) Educ. § 136. Em. IV. § 180 (doch nicht zu früh: Em. IV. § 176; anders dagegen bei Mädchen: Em. V. § 74). 13) Educ. § 162—177. Em. IV. § 461. V. § 461 cf. II. § 119—123. 14) Educ. § 188. Em. IV. § 461 (anders dagegen Projet 9). 15) Educ. § 188. Projet 9 (doch mehr nur des Stiles wegen). 16) Educ. § 189, § 171—174 (Aufsatz, Prosodie). Em. IV. § 461. 17) Educ. § 148—159. Em II. § 149 bis 151 cf. III. § 14. 18) Educ. § 160 Em. II. § 150. 19) Educ. § 161, 2. 20) Ebda cf. § 203 (über das Malen) Em. II. § 253 bis 256. V. § 47. 21) Educ. § 197 (als geringstes Unterrichtsfach). Em. II. § 273—279. 22) Educ. § 199 (von Rousseau, der das Duell verwirft, cf. Em. IV. § 146, nicht erwähnt). 23) Educ. § 67, 1 § 196 (Rousseau's Stellung zur Sache: Em. II. § 240. V. § 64, § 66). 24) Educ. § 8 (was übrigens auch Rousseau gepflegt wissen will: Em. II. § 213, § 214). 25) Educ. § 198 (dagegen Rousseau's sich selbst widersprechende Auffassung: Em. II. § 213 cf. V. § 221). 27) So z. B., um nur einen Punkt herauszugreifen, in der wichtigen Frage von der Benützung der Ehrliebe, die er, nach Locke's Vorgang (Educ. § 95 ff.)

was sich aus der Wandlung innerhalb seiner sozialen Anschauungen ganz wohl begreifen läßt.

Der Sprachunterricht wird von beiden gering geschätzt,[1]) namentlich der Teil desselben, der sich auf die Idiome der klassischen Völker bezieht.[2]) Zwar ist das Studium des Lateinischen und Griechischen ganz wohl am Platze, aber das letztere, nach Locke, doch nur für einen Zögling, welcher einen gelehrten Beruf zu ergreifen gedenkt[3]) und nach Rousseau lediglich insofern, als Latein und Griechisch und dazu auch noch das Italienische, die drei „Sprachen der Dichter" zu Emils Geschmacksbildung, zu seiner ästhetischen Erziehung mit beitragen sollen.[4]) Dagegen wird großes Gewicht gelegt auf einen richtigen Betrieb der Muttersprache und auf eine gründliche Ausbildung in derselben.[5])

Was die Aneignung dieser Lehrgegenstände betrifft, so stimmen Locke und Rousseau insofern mit einander überein, als sie verlangen, daß in erster Linie zu selbständigem Denken angeregt werden müsse, damit die eigene Weiterbildung des Zöglings im Selbstunterricht gewahrleistet erscheine. Darum ist auch alles Auswendiglernen mechanischer Art zu verwerfen.[6])

Man muß beiden Pädagogen ihre übereinstimmende Forderung von der Anschaulichkeit des Unterrichts, der primitiven Aufmerksamkeit durch Wacherhaltung des Interesses, von dem Verständnis des Dargebotenen, von der Pflege des judiciösen Gedächtnisses,[7]) von der sorgfältigen Kenntnis und Berücksichtigung der kindlichen Individualität als hohes Verdienst anrechnen. Eine streng methodische Didaktik ist natürlich bei keinem von ihnen zu erwarten. Ja, es ergeben sich

---

im Projet (3) Herrn de Mably als durchaus zweckmäßig empfiehlt, während er sie zwanzig Jahre später im Emil mit aller Entschiedenheit verwirft (Em. II. § 118).

1) Educ. § 177. (Em. II. § 120 ff. 2) Educ. § 163—177. Em. II. § 122. 3) Educ. § 189, 8, § 195, 1. 4) Em. IV. § 461, § 462 cf. § 467. 5) Em. IV. § 461 cf. I. § 176—192 (Richtig sprechen lernen). Educ. § 189, 4. 6) Educ. § 175, § 176. Em. II. § 135. 7) Em. II. § 116, § 132. Educ. § 176.

gerade hinsichtlich der zweckmäßigsten Methoden und ihrer Anwendung, ebenso wie hinsichtlich des für den Beginn der geistigen Bildung jeweils günstigsten Zeitpunktes für mehrere der vorgenannten Disziplinen ganz bedeutende Meinungsverschiedenheiten, die in den betreffenden philosophischen Anschauungen begründet sind und im zweiten Teil unserer Abhandlung zur Besprechung kommen werden.

* * *

Eine allseitig durchgebildete Persönlichkeit — was eben Locke, der praktische Engländer, unter einer einer solchen versteht — muß nicht blos als physisch gesund, als moralisch tüchtig, als geistig wohl ausgestattet, sondern auch als praktisch geschickt sich in allen Lebenslagen darstellen. Um auch dies letztere zu ermöglichen, braucht daher die Erziehung noch einen gewissen harmonischen Abschluß, dessen Beschreibung wir in den letzten zweiundzwanzig Paragraphen seines Buches enthalten finden.[1]

Wenn Locke hier die Forderung aufstellt, daß der Zögling mehrere Gewerbe oder wenigstens ein Handwerk erlernen solle,[2] und namentlich einige Holzarbeitsbetriebe wie die des Zimmermanns, Tischlers, Drechslers empfehlend hervorhebt,[3] wenn er ferner wünscht, daß Gartenbau[4] und Feldarbeit[5] auch in den Kreis des zu Erlernenden mit einbezogen werden, so hat er damit Rousseau direkt als Vorbild gedient, der für Emil genau dieselben Vervollkommnungen erstrebt.[6] Beide wissen diese Geschicklichkeiten ebensowohl wegen ihrer Wichtigkeit für die körperliche Gesundheit als auch wegen ihres greifbaren Nutzens und der Erholung, welche sie zu gewähren vermögen, bestens zu schätzen.[7] Gewisse Gegensätze in den Einzelheiten werden geeigneten Ortes noch zur Sprache kommen.

Locke's Pädagogik ist zugeschnitten auf den Leib eines englischen Edelmannes.[8] Damit ist für ihn die Notwendig-

---

1) Educ. § 196—217. 2) Educ. § 201. 3) Educ. § 204.
4) Ebda. 5) Educ. 205. 6) (Em. III. § 156. II. § 84. III. § 138,
§ 112. 7) Educ. § 202. (Em. III. § 145. 8) Educ. § 4, § 134 u. sonst.

keit nicht nur der Einzel-, sondern auch der bestimmten Standeserziehung gesetzt und gerechtfertigt. Trotz der Differenz zwischen ihm und Rousseau, der vielmehr einen Weltbürger¹) bilden will, besteht hinsichtlich des ersteren Punktes für beide genau dieselbe Fatalität: es ist dies der verhängnisvolle Mangel an Umgang für den Zögling, welcher trotz des oben gestreiften Notbehelfes, ihm unter Leitung des Erziehers eine gewisse Weltkenntnis zu vermitteln, bestehen bleibt und notwendig zu einer Vereinseitigung des Charakters führen muß. Diese mehr oder minder deutlich empfundene und von Locke sogar auch eingestandene²) Gefahr hat beide Pädagogen veranlaßt, ihr ein Äquivalent im Reisen gegenüberzustellen.³) Dieser Uebereinstimmung in der Hauptsache entspricht nicht ganz die Bestimmung des für das Reisen geeignetsten Zeitpunktes. Bei Locke wird derselbe zwischen das siebzehnte und achtzehnte Lebensjahr⁴) oder auch, wie dies bei Rousseau ausschließlich der Fall ist,⁵) an das Ende der Erziehung überhaupt verlegt.⁶) Allein weder so noch anders vermag ein genügender Ausgleich der vorherigen Isolierung thatsächlich erzielt zu werden.

---

1) Em. I. § 29. Über den scharf ausgesprochenen Gegensatz zu Locke in dieser Sache cf. Em. V. § 2. 2) Educ. § 70, 3 cf. Em. V. § 346. 3) Educ. § 212—216. Em. V. 346—461. 4) Educ. § 212. 5) Em. V. § 346—461. 6) Educ. § 212.

II.

Wir haben bisher gesehen, daß und worin ein Verwandt= schafts= bezw. Abhängigkeitsverhältnis der Pädagogik Rousseau's von jener Locke's thatsächlich vorhanden ist; wir wenden uns nunmehr der Darlegung der bestehenden Unterscheidungsmerk= merkmale zu und bemerken sogleich, daß dieselben keineswegs blos aus ihren verschiedengearteten erkenntnistheoretischen und ethischen Grundanschauungen, nach welchen in der Hauptsache bei Locke mehr der Verstand, bei Rousseau mehr das Gefühl vorherrscht, zu erklären sind, sondern, abgesehen von Rosseau's Lust am Paradoxen und seiner Neigung zu Uebertreibungen, ebenso sehr als berechtigte und brauchbare Verbesserungen wirklicher Irrtümer und als dankenswerte Ergänzungen manch= facher Lücken in der einschlägigen Abhandlung des älteren Autors durch die Leistungen des jüngeren aufgefaßt und ge= würdigt werden müssen.

Dies tritt uns augenscheinlich schon hinsichtlich der äußeren Vorbedingungen der Erziehung entgegen. Ungleich tiefer als bei Locke ist bei Rousseau die Begründung der Notwendigkeit einer sorgfältigen Leibespflege, nämlich behufs Erzielung einer völligen Harmonie zwischen Geist und Körper; sie ist aber auch ungleich umfassender, denn er setzt sie in genaue Be= ziehung zur Herbeiführung seiner Menschheitserneuerung durch Mithilfe der physisch, und darum auch erst geistig ganz der Natur entsprechenden Einzelpersönlichkeit. Davon ist bei Locke keine Rede, dem der sachliche Nutzen, den die Gesundheit dem Individuum verschafft, für seine Forderung einer günstigen Körperentwickelung durchaus genügend ist.

Und welche neuen, hochbedeutsamen Bahnen hat Rousseau erst der ganzen Pädagogik erschlossen durch seine für diese Wissenschaft grundlegend gewordene Lehre von der Bildung der Sinne. Hiedurch konnte das, was wir heutzutage Anschauungsunterricht nennen, und was ja, wie wir sahen, auch von Locke schon, wenn gleich nur sehr allgemein, gefordert worden war, überhaupt erst systematisiert werden. Es ist gewissermaßen merkwürdig, daß derselbe Mann, welcher gemäß seiner Sensations-Philosophie die Sinne als die einzigen Vermittler der inneren und äußeren Welt gelten läßt, der Pflege und Ausbildung dieser Organe kaum irgend welche Beachtung geschenkt hat. Denn Locke's Schiboleth: Nil est in intellectu, quod non fuerit in sensu — und zwar, nach seiner Meinung — et externo et interno, hat erst durch Rousseau die entsprechende Richtigstellung und notwendige Ergänzung erfahren.

Mit bewundernswerter Akribie und feinstem psychologischem Verständnis gibt er seine Anweisungen für die allseitige und gleichmäßige Ausbildung der Sinne[1]) und zeigt deren Einfluß auf den Umfang unseres Wissens sowie auf die Sicherheit unserer Urteilskraft durch die Lehre vom sens commun, welcher, „ein Ergebnis des wohleingerichteten Gebrauches der anderen Sinne ist. . . . . Dieser sechste Sinn hat infolge davon keinerlei eigenes Organ; er wohnt nur im Gehirn, und seine Empfindungen, die rein innerlich sind, heißen Wahrnehmungen oder Ideen. . . . . Die Kunst, sie unter einander zu vergleichen, nennt man die menschliche Vernunft."[2])

Dieselbe wird von Rousseau in eine Sinnenvernunft oder kindliche Vernunft — bestehend in der Bildung einfacher Ideen — sowie in eine geistige oder menschliche Vernunft — bestehend in der Bildung complexer Ideen — eingeteilt.[3])

Man sieht schon aus diesem Wenigen die außerordentliche Wichtigkeit seiner Sinnenlehre für den geanzen menschlichen Denkprozeß überhaupt.

---

1) Em. II § 215—325. 2) Em. II § 303. 3) Ebda.

Neben diesem wahrhaft großartigen Fortschritt gegenüber der Locke'schen Lehre von der leiblichen Erziehung fallen gewisse Abweichungen Rousseau's in einigen Äußerlichkeiten kaum mehr stark ins Gewicht und sollen blos der Vollständigkeit halber nicht unerwähnt bleiben.

Dagegen, daß Locke verlangt, das Schuhwerk der Kinder solle zur Abhärtung der Füße für das Wasser durchlässig sein,[1]) richtet er einen spöttischen Angriff[2]) und bezeichnet es als inkonsequent, wenn, wer dies verlange, es verbiete,[3]) daß ein Kind im erhitzten Zustand kaltes Wasser trinke. Allein Locke ist eben Arzt und weiß schon, was er will. Zum Getränke empfiehlt Locke Dünnbier,[4]) während Wein oder starke Getränke nur auf ärztliche Anordnung als Medizin verabreicht werden dürfen.[5]) Rousseau aber weist unter den Getränken dem Wasser und der Milch die Alleinherrschaft für das Kindesalter zu.[6])

Was das Erwecken aus dem Schlaf betrifft, wofür Locke die sanfteste Art als die einzig richtige einschärft,[7]) will Rousseau seinen Emil gewöhnen, auch gewaltsam geweckt und öfter im Schlaf gestört zu werden.[8])

Im Gegensatz zu Locke verbietet Rousseau auch noch das Impfen der Kinder gegen die Gefahr der Blattern,[9]) wobei er freilich die im Jahre 1796 durch Jenner erfundene Kuhpockenimpfung im Auge hatte, welche Locke, zu dessen Zeit die Einimpfung menschlicher Lymphe schon längst bekannt war, nicht kannte.

* * *

Es ist Locke's Ueberzeugung, daß alle unsere Erkenntnis auf die Erfahrung sich gründet und lediglich direkt aus ihr entspringt. Demnach beginnt der Mensch auch sofort von jenem Augenblicke an zu denken, wo er Sensationen empfängt. Denn die Kindesseele ist im Urzustande eine tubula

---

1) Educ. § 7. 2) Em. II § 197. 3) Educ. § 10, § 17, § 18·
4) Educ. § 16. 5) Educ. § 19. 6) Em. II. § 199, § 284. 7) Educ. § 21. 8) Em. II. § 205, 9) Em. II. § 210—212.

rasa,[1]) ein Blatt weißen, unbeschriebenen Papieres,[2]) sie gleicht dem weichen Wachse[3]) oder dem beweglichen Wasser,[4]) sie befindet sich zunächst in einer passiven Rezeptivität. Daher müssen auch alle Einwirkungen auf die Ideen der Kinder, die sie thatsächlich nach den ersten Sinneseindrücken schon haben, so frühzeitig als nur irgend möglich erfolgen, weil man sie da noch nach Belieben formen kann.[5]) Diese Anschauung hält er bezüglich aller Erziehungsgebiete grundsätzlich und unmittelbar fest. Rousseau dagegen steht auf ganz anderem Standpunkt. Er bezeichnet die Kindheit als den „Schlaf der Vernunft"[6]) und leugnet die Möglichkeit der Ideenbildung vor der Entwicklung der Urteilskraft. „Die Seele, festgebannt in unentwickelten und halbgebildeten Organen, hat noch nicht einmal das Gefühl ihrer eigenen Existenz".[7]) Vor dem Alter der Vernunft empfängt das Kind keine Ideen, sondern nur Bilder.[8]) Daher ist der Kindheit „Zeit zum Heranreifen"[9]) zu lassen. Völlige Inaktivität der Verstandeskräfte und thunlichste Sicherung derselben vor schädlichen Einflüssen ist ihm Prinzip für das Kindheitsalter. Da begreift man es wohl, daß er einen frühen Anfang des Unterrichts verwirft. Emil soll bis zu 12 Jahren noch nicht einmal wissen, was ein Buch ist. Drum behandle das Kind seinem Alter gemäß,[10]) es muß sich alles nach der innern Entwicklung richten und jede Anordnung soll nur mit Rücksicht auf die jeweiligen Wünsche und Bedürfnisse des Zöglings getroffen werden.

Derselbe Gegensatz besteht natürlich auch hinsichtlich des für die sittliche, wie für die religiöse Erziehung geeignetsten Zeitpunktes, was alles wieder eng mit Rousseau's negativer Methode,[11]) nichts zu verfrühen,[12]) nichts zu beeinflussen,[13]) zusammenhängt. Von der Moral sagt er: „Man

---

1) John Locke, Versuch über den menschlichen Verstand, II. 1, § 1, 2. 2) Educ. § 217. 3) Educ. § 176, 1. 4) Educ. § 1. 5) Educ. § 34, § 40, § 41. 6) Em. II. § 114. 7) Em. I. § 128. 8) Em. II. § 116. 9) Em. II. § 109. 10) Em. II. § 112. 11) Em. II § 67. 12) Em. II. § 66. 13. Em. II. § 69.

muß darauf sehen, daß ihm diese notwendigen Begriffe so spät, als irgend möglich, gegeben werden."[1] Viel richtiger an den Schluß wie an den Anfang der Erziehung muß nach seiner Meinung vollends die Belehrung über Gott und göttliche Dinge, welche Locke, um dies gleich vorauszunehmen, zur zeitlich und sachlich allem anderen voranstehenden Grundlagen des ganzen Erziehungsgeschäftes gemacht wissen wollte,[2]) gestellt und nicht vor dem 18. Lebensjahre erteilt werden.[3]) Ja, er geht mit einer scharfen Polemik gegen Locke hier vor.[4]) „Jedes Kind," sagt er, „das an Gott glaubt, ist daher notwendig götzendienerisch oder wenigstens anthropomorphistisch, und wenn die Einbildung Gott einmal gesehen hat, so ist es selten, daß der Verstand ihn begreift. Zu dieser Verirrung führt nun gerade die Anordnung Locke's."[5]) In der Mädchenerziehung, auf welche Locke, der es nur mit den Söhnen der fashionablen englischen Hochtories zu thun hat, so gut wie keine Rücksicht nimmt,[6]) will Rousseau, der diesem Gegenstand so ziemlich das ganze fünfte Buch seines Emil widmet,[7]) den religiösen Ausgangspunkt so früh wie möglich festgelegt wissen, da es sich bei den Mädchen nicht um die selbständige Erfassung der Prinzipien, sondern um den Gehorsam gegen eine objektive, direkt leitende Autorität handle.[8])

Rousseau, als Deist, verwirft die Offenbarung als Quelle religiöser Belehrung[9]) und predigt dagegen den natürlichen Kultus.[10]) Seine Grundsätze hierüber hat er im „Glaubensbekenntnis des savoyischen Landpfarrers"[11]) niedergelegt, in welchem er einen unglücklichen, in Unglauben und Elend tiefgefallenen Jüngling redend einführt. „Wir können hinzufügen," sagt Borgeaud mit Recht, „daß dieser Jüngling der

---

1) Em. II. § 81. 2) Educ. § 136. 3) Em. IV. § 170. 4) Em. IV. § 167. 5) Ebda. 6) Er begnügt sich mit einigen Bemerkungen über die zartere Konstitution sowie über das feinere Schamgefühl der Mädchen und Frauen. Educ. § 6, § 9, § 11, § 12, § 60, § 70, 2. 7) Em. V. Sophie oder das Weib, cf. besonders § 3—171. 8) Em. V. § 74—79. 9) Em. IV. § 310. 10) Em. IV. § 309. 11) Em. IV. § 201—356.

Autor selbst in seiner abenteuerlichen Jugendzeit ist."[1]) Locke erkennt die Offenbarung an, weil sie nichts der Vernunft Widersprechendes enthalte, doch will er nicht die ganze Bibel in die Hand des Schülers legen, weil viele Stellen derselben die Moral gefährden, andere die Fassungskraft der Kinder übersteigen.[2]) Locke's Gottesbegriff ist aus der Reflexion entsprungen, und der von ihm so gewonnene transcendente Gott ist ebenfalls derjenige des Deismus, welcher durch Negierung der vereinzelnden und beschränkenden Sinnlichkeit zustande kommt; allein es ist ein eigenartiges Verhängnis, daß Locke mit seiner auf einen seichten Moralismus hinauslaufenden religiösen Erziehung, welche das Grundprinzip der religiösen Bildung im christlichen Sinne, nämlich die Herstellung einer christlichen Persönlichkeit, vollkommen übersah, ungeachtet seiner aufrichtigen Frömmigkeit und persönlichen Glaubenstreue weit mehr zur Schädigung des kirchlich-religiösen Glaubens unabsichtlich beigetragen hat, als viele von denen, die mit vollem Bewußtsein darauf ausgegangen sind, eine solche herbeizuführen.

Alles in allem, trennt Locke in der Frage der für den Erziehungsbeginn richtigsten Zeitumstände von Rousseau eine unüberbrückbare Kluft, wie man das deutlich aus folgenden zwei Stellen ersehen kann. „Je eher du ihn als Mann behandelst," sagt Locke, der allerdings von seinem vortrefflichen Vater in dieser Art erzogen worden war,[3]) „desto eher wird er anfangen, einer zu sein, und wenn du ihn manchmal zu ernsthaften Erörterungen mit dir zuläßest, wirst du unvermerkt seinen Sinn über die gewöhnlichen Zerstreuungen der Jugend und jene wertlosen Beschäftigungen, an welche sie gewöhnlich verschwendet wird, hinausheben."[4]) Dagegen

---

1) Charles Borgeaud, J. J. Rousseau's Religionsphilosophie, Inaug.-Diss. Genf-Leipzig 1883, S. 17. 2) Educ. § 158, § 159. 3) Locke's Vater hat diesen, „als er schon ein Mann war, feierlich um Verzeihung, weil er ihn einst als Knaben in der Leidenschaft geschlagen hatte." Lady Masham, Sallwürk, John Locke, S. 118, Anm. zu § 47. 4) Educ. § 95. cf. § 94.

führt Rousseau aus: „Man täuscht sich über ihre Kenntnisse, indem man ihnen solche zumutet, die sie nicht haben, und sie Betrachtungen über Dinge anstellen läßt, die sie nicht begreifen können. Ebenso täuscht man sich, indem man ihre Aufmerksamkeit auf Betrachtungen hinlenken will, die sie in keiner Weise berühren, wie über ihre zukünftige Interessen, ihr späteres Lebensglück, über die Achtung, die man ihnen erweisen werde, wenn sie einmal erwachsen seien, Reden, die für Geschöpfe ohne alle Voraussicht, wie sie sind, durchaus keine Bedeutung haben."[1]

Dieser Gegensatz beider Pädagogen berührt sich übrigens ziemlich nahe mit einer anderen grundsätzlichen Meinungsverschiedenheit derselben, die wir deshalb gleich hier kurz besprechen wollen.[2] Derselbe betrifft das Raisonieren mit den Kindern.

Locke empfiehlt nämlich als vorzügliches Mittel zur Charakterbildung eine sanfte Überredung durch Vernunftgründe. Er sagt deshalb „ich rate ihren Eltern und Erziehern, sich immer gegenwärtig zu halten, daß Kinder als vernünftige Geschöpfe zu behandeln sind."[3] Hiergegen richtet Rousseau seinen leidenschaftlichen Angriff. „Den Kindern vernünftige Vorstellungen machen, war Locke's großer Grundsatz, der auch heutzutage am meisten im Schwange ist: sein Erfolg scheint mir indessen nicht sehr geeignet, ihn zu Ehren zu bringen; ich für meinen Teil kann mir auch nichts Läppisches denken, als diese Kinder, mit denen man so viel vernünftelt hat. Von allen Fähigkeiten des Menschen ist die Vernunft, die, sozusagen nur ein Zusammengesetztes aus allen andern ist, diejenige, die sich am schwersten und langsamsten entwickelt; und ihrer will man sich bedienen, um jene früheren zu entwickeln! Das Meisterstück einer guten Erziehung ist, eine vernünftigen Menschen zu bilden: und man maßt sich an, ein Kind durch die Vernunft erziehen zu wollen! Das heißt, mit dem Ende

---

1) Em. II. § 118. 2) Wir möchten uns die Freiheit wahren, innerhalb der von uns angenommenen Haupteinteilung des Locke'schen Buches mehr oder minder verwandte Materien auch näher zusammenzulegen ohne Rücksichtnahme auf die genaue Paragraphenfolge der von uns zu Grunde gelegten Ausgabe. 3) Educ. § 54 cf. § 81, § 124.

beginnen und aus dem Werke das Werkzeug machen. Wenn die Kinder Vernunft verstünden, brauchte man sie nicht zu erziehen."¹) Das ist nun freilich Übertreibung und Mißverstand zugleich: das erstere, weil die Kinder keineswegs jeglichen vernünftigen Gefühls für Sittlichkeit und für die Pflicht ermangeln, sondern sehr bald fühlen lernen, ob sie jemand durch ihr Verhalten erfreut oder erzürnt haben, — das zweite, weil Locke ganz ausdrücklich verlangt,²) daß die verwendeten Vernunftgründe der Fassungsgabe, dem Vorstellungskreise des Zöglings entsprechen und in wenigen einfachen Worten ausgedrückt sein müssen,³) was jedenfalls so verwerflich nicht ist und Locke's Verspottung durch Rousseau in dem von ihm erfundenen Zwiegespräch zwischen Lehrer und Schüler⁴) als keineswegs gerechtfertigt erscheinen lassen wird. Wir können darum Gitschmanns Urteil in dieser Sache nicht beipflichten, wenn er das Locke'sche „reasoning" als „verfehlt und undurchführbar" bezeichnet.⁵)

Dagegen sind wir ganz seiner Meinung, wenn er Locke's Verdienst um die Anregung und Ausbildung des Scham- und Ehrgefühles [Streben nach Achtung, desire for esteem],⁶) als der „feineren Fühlhebel der kindlichen Natur," in so schönen Worten anerkennt.⁷) Locke ist in dieser Beziehung geradezu bahnbrechend für die moderne Pädagogik geworden, und Raumers Eiferung gegen diese Maßregel ist sicherlich unberechtigt.⁸)

Denn Locke unterscheidet scharf zwischen gesundem Ehrgefühl⁹) und verwerflicher Ehrsucht¹⁰) und ist weit entfernt, einer jesuitischen Aemulationspraxis das Wort zu reden, was ihm auch Rousseau unterzuschieben geneigt ist, der gegen

---

1) Em. II. § 51. 2) Educ. § 81, 2. 3) Ebda. 4) Em. II. § 52. 5) Wilhelm Gitschmann, die Pädagogik des John Locke, Köthen 1881 S. 59. 6) Educ. § 48, § 78, § 101, § 56—58, § 95—99, § 132, § 200. 7) Gitschmann, a. a. O., S. 50. 8) Karl von Raumer, Geschichte der Pädagogik, Bd. II. S. 97. 111. 9) Educ. § 57, § 61, § 109, § 155. 10) John Locke, Versuch über den menschlichen Verstand, -I. 20, § 13.

dieses Verfahren, welches mit der entarteten Selbstliebe sich zu behelfen suche, energisch Front macht. „Im übrigen keine Vergleichungen mit andern Kindern, nichts von Nebenbuhlern und Nacheiferern, selbst nicht im Laufen, sobald es selbständig zu denken anfängt; hundertmal lieber soll es nichts lernen, wenn es nur aus Eifersucht oder Eitelkeit geschieht."[1]) Allein er bleibt sich hierin selbst nicht ganz konsequent.[2]) Die beiden großen Hilfsmittel, die Jugend zu lenken, sind für Rousseau in der frühesten Lebensperiode die Stärke der Dinge,[3]) in der späteren der Nutzen der Dinge.[4]) Daneben läßt er aber doch noch ein drittes Motiv in gewissem Sinne gelten, nämlich die Verwendung der Naschlust.[5]) Er entschuldigt dies damit, daß diese eine Begierde der Natur sei.[6]) „Der Trieb der Eßlust ist überhaupt dem der Eitelkeit vorzuziehen."[7]) Dagegen darf nicht etwa durch Leckereien der einfache Geschmack gefährdet und verdorben werden, was sich sofort wieder als gegen Locke gerichtet erweist, bei dem „gute Sachen" eine gewisse Rolle spielen,[8]) allerdings nicht als unmittelbare Reizmittel zur Tugend und Pflichterfüllung, sondern als Begleiterscheinungen derselben, als natürliche Folgen unserer Gunst und Achtung.[9]) Selbstredend ist auch Locke's Ansicht über die Erteilung von Lob und Tadel,[10]) über die Anwendungen von Belohnungen und Strafen in diesem Zusammenhang derjenigen Rousseau's diametral entgegengesetzt. Emil soll von diesen Dingen überhaupt nichts wissen.[11]) Ebenso wird auch von Rousseau die bei Locke auf der Achtung von der Freigebigkeit beruhende Erziehung zu dieser Tugend[12]) aus sittlichen und praktischen Gründen ganz entschieden verworfen.[13]) Frühzeitig wird Emil der Begriff des Eigentums klar gemacht.[14]) Aber obwohl Rousseau's interessanter Exkurs über das Eigentum im Anfang zum Teil wörtliche Anklänge an Locke's Behandlung dieser Sache aufweist, so ist die Stelle doch auch

---

1) Em. III. § 95. 2) Em. II. § 245—250. 3) Em. II. § 36. 4) Em. III. § 65 ff. 5) Em. II. § 286. 6) Ebda. 7) Ebda. 8) Educ. § 58. 9) Ebda. 10) Educ. § 49—61. 11) Em. II. § 36. 12) Educ. § 110. 13) Em. II. § 104. 14) Em. II. § 82—89.

durchaus gegen Locke gerichtet. Das Kind hat eben nur Pflichten gegen sich selbst.¹) — „Die erhabensten Tugenden sind negativer Natur: sie sind auch die schwersten, weil sie allem Prunke fremd und sogar über jene dem Menschenherzen so süße Lust, einen andern glücklich von uns weggehen zu sehen, erhaben sind."²) Locke's Ratschlag: „Mache, daß sie durch die Erfahrung belehrt werden, daß der Freigebige immer den größten Vorteil hat,"³) führt notwendig zur Hab= sucht und lehrt „eine Freigebigkeit auf Wucher, die eine Eichel gibt gegen die Eiche". ⁴)

Immer und überall wird Rousseau eben geleitet von der Grundidee einer völlig ungehinderten und unbeeinflußten Freiheit des Ichs zum Zweck der Selbstentfaltung und Selbst= benützung aller ihm inne wohnenden Kräfte. Frei ist, wer seinen Willen und sein Vermögen in harmonischen Einklang zu bringen weiß.⁵) Freiheit des Wollens und Freiheit des Handelns sind sehr verschiedene Dinge: „Die Kraft zu wollen habe ich immer, aber nicht die Kraft auszuführen".⁶)

Daher „nicht das Wort Freiheit, sondern das Wort Notwendigkeit ist bedeutungslos."⁷) So soll denn das Kind glauben, es folge immer seinem Willen, und es thut dies auch, insofern nur die Natur ihm befiehlt. Nichts wäre darum schlimmer, ja absurder, als ihm irgend etwas von fremder Autorität empfinden zu lassen.

„Man hat alle Hilfsmittel versucht, nur gerade eines nicht, das allein zum Ziele führen kann: die verständig ge= regelte Freiheit".⁸) „Gib deinem Zöglinge keinerlei Lehre in Worten: er soll seine Lehren nur durch die Erfahrung erhalten, verhänge keinerlei Strafe über ihn: denn er hat das Bewußtsein der Straffälligkeit noch nicht; laß ihn nie um Verzeihung bitten; denn er kann dich ja nicht beleidigen. Da seinen Handlungen jeder sittlicher Charakter fehlt, kann

---

1) Em. II. § 82. 2) Em. II. § 108. 3) Educ. § 110 cf. Em. II. § 104. 4) Em. II. § 104. 5) Em. IV. § 267. 6) Em. IV. § 263. 7) Em. IV. § 266. 8) Em. II. § 59.

er nichts sittlich Böses thun, was Züchtigung oder Zurecht=
weisung verdiente." 1) Zu dieser Praxis wird Rousseau ge=
führt durch den „unbestreitbaren Grundsatz", „daß die ersten
Regungen der Natur immer die rechten sind: es gibt keine
ursprüngliche Verkehrtheit im menschlichen Herzen. Es findet
sich kein einziges Laster in ihm, von dem man nicht nach=
weisen könnte, wie und auf welchem Wege es hereingekommen
sei".2) „Unsinnige Lehrer glauben Wunder zu thun, wenn
sie die Kinder bösartig machen, um ihnen zu zeigen, was
Güte ist; und dann sagen sie mit wichtiger Miene: so ist
der Mensch. — Ja freilich, so ist der Mensch, den ihr ge=
macht habt." 3)

Das ist nun allerdings eine ziemlich ähnliche Ansicht,
wie wir sie von Locke äußern hören, wenn er sagt: „Denn
ich bin der Ansicht, daß von denjenigen Handlungen, welche
zu unsittlichen Gewohnheiten führen — und nur bei solchen
sollte ein Vater mit seinem Ansehen und seinem Gebot sich
dazwischen stellen —, keine den Kindern untersagt werden
sollte, bis sie sich derselben schuldig gemacht haben," 4) indeß
Locke hat doch ganz anderen Grundsätzen gehuldigt als Rousseau
hinsichtlich der Herstellung und Erhaltung einer nach ihm
unentbehrlichen erzieherischen Autorität. Zwar faßt Locke
auch die Willensfreiheit so auf wie Rousseau, wie man aus
Folgendem sieht: „Man frägt nicht richtig, wenn man frägt,
ob der Wille frei ist; sondern die Frage ist, ob der Mensch
frei ist." 5) „Hierin besteht seine Freiheit; nämlich in dem
Vermögen zu handeln oder nicht zu handeln, wie er wählt
oder will." 6) Allein bei seiner schon erwähnten Superordi=
nation des Intellekts über den Willen kommt er doch zu
völlig abweichenden Ergebnissen, welche in letzter Linie wieder
aus seiner Lust= und Glückseligkeitslehre erfließen. Corwin
sagt hierüber: „Lust und Unlust auf ihre Ursachen bezogen

---

1) Em. II. § 60. 2) Em. II. § 62. 3) Em. II. § 58. 4) Educ.
§ 85 cf. § 64 ff. 5) John Locke, Versuch über den menschlichen Ver=
stand, II. 21, § 21—56. 6) Ebenda § 27 cf. § 71.

nennen wir Gut und Übel; denn Gut und Übel sind nichts als das, was Lust und Unlust in uns verursacht. Damit es also sittlich Gutes oder Böses geben könne, müssen Verpflichtungen da sein, welche Lust und Unlust mit sich bringen. Die Gerechtigkeit des Lohnes und der Strafe, welche für Befolgung oder Nichtbefolgung solcher Verpflichtungen festgesetzt sind, ist bedingt durch das Bewußtsein, die Handlungen begangen zu haben (das Bewußtsein der persönlichen Identität). Solche Verpflichtungen findet er (Locke) in drei Gesetzen, deren jedes seine Befolgung durch Lohn und Strafe anstrebt. Diese Gesetze, welche Locke nicht näher begründet, sondern empirisch vorgefunden hat, sind: das göttliche, das bürgerliche und das der Meinung. Das erste Gesetz ist die Abmessung der Sünde und der Pflicht; das zweite die des Verbrechens und der Unschuld; das dritte die der Tugend und des Lasters."[1]) Wir glaubten mit Bedacht, diese Sache gerade etwas eingehender philosophisch begründen zu sollen, weil man daraus ersehen kann, wie all die anderen Erziehungsgrundsätze Locke's in ihr wurzeln, weshalb auch ihre Behandlung an dieser abschließenden Stelle gerechtfertigt erscheinen wird. Zudem zeigt sich uns hier der abgrundtiefe Zwiespalt zwischen seiner und Rousseau's Lehre, welch letztere alle Ethik auf ein inneres im Wesen des Menschen selbst als überzeugendes Gefühl sich vorfindendes Sittengesetz basiert und keine mehr oder minder erzwungene Moral anerkennt, wie es Locke letztlich eigentlich thun muß, da er doch nur eine Pflichterfüllung aus Klugheit kennt. In Locke's Augen ist der natürliche Zustand des Menschen keineswegs absolut gut, so wenig wie ihm die Gesellschaft an sich absolut verwerflich erscheint: für ihn gibt es keine Moral, keine moralische Erziehung, keine Erziehung überhaupt ohne Gesetz, ohne Autorität.[2]) Eingehende Anweisungen erteilt er, wie dieselbe festgelegt werden müsse, zunächst für die Eltern, sodann für die Erzieher. „Furcht und

---

1) Corwin, Entwicklung und Vergleichung der Erziehungslehren von John Locke und Jean Jacques Rousseau, S. 22. 2) Corwin, a. a. O., S. 105 f.

Scheu sollen dir die erste Gewalt über ihre Gemüter geben, Liebe und Freundschaft in reiferen Jahren sie festhalten."[1]) Damit ist auch in nuce seine öfter wiederholte Forderung enthalten von dem allmählichen Nachlassen der Strenge und von der stufenweise fortschreitenden Verwandlung des Erziehers und Leiters in einen Freund und vertrauten Berater,[2]) was Rosseau für die erste Erziehungsperiode nicht zugeben will.[3])

* * *

Wenn wir uns nun zu den in dem praktischen Verfahren der Erziehung sich bekundenden Abweichungen beider Männer wenden, so erinnern wir daran, daß hinsichtlich ihrer Divergenz in der zeitlichen Anordnung der einzelnen Wissensfächer überhaupt und der Religionslehre im besonderen das Nötige im vorigen Abschnitt aus den dort ersichtlichen Gründen bereits bemerkt worden ist.

Im einzelnen verbleiben noch folgende Unterscheidungspunkte hervorzuheben. Locke verlangt, daß der Knabe Lesenlernen beginne, sobald er plaudern kann. Hiezu eignet sich am meisten ein Spiel z. B. Würfel, worauf die Buchstaben stehen, „um den Kindern das Alphabet spielend zu lehren, und zwanzig andere Arten lassen sich noch finden, welche ihrer besonderen geistigen Anlage angemessen sind, um aus dieser Art des Unterrichts ihnen einen Zeitvertreib zu machen."[4]) Obwohl, wie aus dieser Stelle ersichtlich ist, Locke damit hauptsächlich das Interesse der Kinder anregen wollte,[5]) bespöttelt Rousseau in Verkennung dieses Umstandes die Sache mit folgenden Worten: „Man macht sich ein großes Geschäft daraus, die besten Methoden zum Lesenlernen zu suchen; man erfindet Lesekästen und Karten und macht das Zimmer das Kindes zu einer Buchdruckerwerkstätte. Locke will, es soll mit Würfeln lesen lernen. Ist das nicht eine herrliche Erfindung? Wie schade um sie! Ein sicheres Mittel als alle diese, das man

---

1) Educ. § 42 cf. § 41, § 44, § 99, § 100. 2) Educ. § 42, § 95—99. 3) Em. III. § 63, § 94. IV. § 92. 4) Educ. § 148. 5) Locke verlangt ausdrücklich, man müsse die Kinder dahin bringen, daß sie den Unterricht im Lesen selbst fordern, Educ. § 148 cf. § 150.

aber immer wieder vergißt, ist die Lust zu lernen. Flöße dem Kinde dieses Verlangen ein und dann laß deine Kasten und Würfel beiseite; denn dann wird jede Methode ihm recht sein."¹)

Er fährt fort: „Das Lesen ist eine Geißel für die Kinder, und es ist fast die einzige Beschäftigung, die man ihnen zu geben weiß. Emil wird im zwölften Jahre kaum erfahren, was ein Buch ist. Aber, wird man sagen, er wird doch wenigstens lesen lernen sollen. Allerdings: er soll lesen lernen, wenn das Lesen ihm nützlich sein wird; bis dahin dient es nur dazu, ihn zu langweilen."²) Und dann wird in höchst gesuchter und umständlicher Weise ein solcher Nutzen damit zu erweisen unternommen, daß man Emil hie und da Einladungsbillets empfangen läßt, durch deren nicht rechtzeitige oder nicht vollständige Entzifferung ihm allerlei kleine Unannehmlichkeiten entstehen.³) Man wird bezweifeln dürfen, ob dieses Verfahren dem allerdings auch nicht einwandfreien Vorschlage Locke's vorzuziehen sei.

In merkwürdiger Weise wird von diesem auch das Schreibenlernen methodisiert. Das Kind muß vorgeschriebene rote Buchstabenzeichen mit schwarzer Tinte überziehen; erst nach und nach darf man zu selbständiger Darstellung von Buchstaben, Wörtern und Sätzen übergehen.⁴) „Wenn er so ganz allmählich zu lesen beginnt, sollte ihm irgend ein leichtes ergötzliches Buch, das seiner Fähigkeit angemessen ist, in die Hand gegeben werden.... Für diesen Zweck halte ich Äsops Fabeln für das Beste." ⁵) Und zwar warum? — „Weil es Geschichten sind, welche ein Kind ergötzen und unterhalten können, aber doch auch einem Erwachsenen nützliche Gedanken einzugeben imstande sind, und wenn sein Gedächtnis sie für das ganze spätere Leben festhält, wird es ihm nicht leid thun, sie dort mitten unter den Gedanken des Mannes und ernsten Angelegenheiten wiederzufinden." ⁶) Sie unterstützen also die Bildung von Maximen. Hören wir nur

---

1) Em. II. § 149. 2) Em. II. § 147. 3) Em. II. § 150. 4) Educ. § 160. 5) Educ. § 156 cf. § 189, 3. 6) Eude. § 156.

Rousseau über diese Punkte. „Soll ich jetzt vom Schreiben reden? Nein, ich schäme mich doch in einer Abhandlung über die Erziehung mit solchen Lappalien mich aufzuhalten."[1]) Es soll diese Kunst eben auch nur so nebenbei als eine natürliche Folge der Erziehung erworben werden. „Ich nehme es fast als gewiß an, daß Emil vor seinem zehnten Jahre vollkommen lesen und schreiben kann, gerade weil ich so wenig Wert darauf lege, daß er vor seinem fünfzehnten so weit sei."[2])

Locke's rein mechanische und darum wenig geistvolle Art des ersten Schreibunterrichts übergeht er mit Stillschweigen. Auch in der Benutzung der Fabeln zur intellektuellen Förderung des Kindes folgt Rousseau Locke's Vorgang nicht. Die Fabeln, selbst die von La Fontaine, gingen über die Fassungskraft der Kinder hinaus. „Aus der Fabel vom magern Wolf und vom fetten Hund zieht das Kind nicht eine Lehre der Mäßigung, die man ihm zu geben vermeint, sondern eine Lehre der Zügellosigkeit."[3]) „Die Fabeln können für Erwachsene belehrend sein; den Kindern muß man aber die nackte Wahrheit sagen."[4])

Locke will Äsop's Buch auch zum Sprachstudium verwendet wissen, insofern man zur Erlernung des Lateinischen die englische Übersetzung, so wörtlich als möglich, in eine Linie schreibt und die entsprechenden lateinischen Worte gerade darüber in eine andere.[5]) Diese Intralinearversion soll dann der Lehrer alle Tage lesen und immer wieder lesen lassen, bis der Schüler das Latein völlig versteht.[6]) Denn Sprachen, und zwar nach Locke's sonderbarer Ansicht auch die klassischen (!), lehrt man am besten durch beständige Übung mit den Kindern, nicht durch grammatische Regeln.[7]) Rousseau dagegen macht gerade für das Lateinische einen grammatisch-praktischen Zweck auch mit geltend, nämlich den, durch dasselbe das Französische kennen und verstehen zu lernen.[8])

---

1) Em. II. § 150. 2) Em. II. § 151. 3) Em. II. § 144. 4) Em. II. § 135. 5) Educ. § 167, 1. 6) Ebda. 7) Educ. § 163, § 165, § 167, § 168, § 175. 8) Em. IV. § 461.

Auch die von Locke gewünschte Form des Geographieunterrichtes mittels Globen und Karten als zweckdienlicher Anschauungsmittel ¹) wird von Rousseau beanstandet. „In der Meinung, ihm die Erdbeschreibung zu lehren, lehrt man ihm nur Karten kennen: man lehrt ihm die Namen der Städte, Länder und Flüsse, von deren Dasein außerhalb des Papiers, wo man sie ihm zeigt, es keinen Begriff hat. Ich erinnere mich, irgendwo ein Geographiebuch gesehen zu haben, da so anfing: „Was ist die Welt? — Eine Kugel von Pappe." Das ist ganz genau die Geographie der Kinder." ²) „Du willst diesem Kinde Geographie lehren und holst ihm Erd- und Himmelsgloben und Karten herbei: wie viele Maschinen! Wozu all' diese Darstellungen? Warum fängst Du nicht damit an, ihm den Gegenstand selbst zu zeigen, daß es wenigstens wisse, wovon Du mit ihm sprichst." ³) Man sieht ohne weiteres, daß diese Stellen ⁴) gegen Locke gerichtet sind, dem die Geographie eine Wissenschaft ist, welche zunächst nur das Vorstellungs- und Behaltungsvermögen in Anspruch nimmt,⁵) während es sich für Rousseau um die Kenntnis der Belehrungsmittel in geographischen Dingen und um die Fähigkeit handelt, von diesen Mitteln gegebenen Falles auch den geeigneten Gebrauch zu machen. ⁶) Das ergibt sich auch mehr oder minder aus folgenden Worten: „Man entgegnet, die Kinder müßten doch mit Studien beschäftigt werden, für die sie nur der Augen bedürfen: ganz recht, wenn es ein Studium gäbe, für das man nur die Augen brauchte; aber ich kenne kein solches," ⁷) welche ebenfalls wieder gegen Locke zielen. Für Rousseau soll eben jeder Unterrichtsgegenstand nicht ein bloßes Wissensfach, sondern immer zugleich auch — was ihm in der That hoch anzurechnen ist — ein praktisches Bildungsfach sein und als solches behandelt werden. ⁸)

---

1) Educ. § 178, § 180. 2) Em. II. § 124. 3) Em. III. § 16. 4) cf. Em. III. § 27. 5) Educ. § 166, § 169, § 178, § 180. 6) Em. II. § 124. 7) Em. II. § 125. 8) Dabei hat übrigens Rousseau zuerst den Geographieunterricht auch methodisch richtig fundiert, indem er mit der heute sogenannten Heimatkunde ihn beginnen ließ. Wenn

Dies trifft auch somit für die Naturstudien zu, die einen genuinen Bestandteil seines Lehrplans bilden und in demselben den sogenannten Wissenschaften vom Menschen, b. h. den Geisteswissenschaften völlig koordiniert zur Seite treten. Man kann es Rousseau nicht genug danken, daß er die eminente pädagogische Bedeutung derselben klar erfaßt und diesem unentbehrlichen Faktor den ihm gebührenden Platz und Rang innerhalb der wissenschaftlichen Pädagogik angewiesen hat.[1] Locke, der hierin auf Roger und Franz Bacons Schultern steht, hat auch bereits die Aufmerksamkeit auf diesen so lange verkannten Unterrichtszweig hingelenkt; aber Naturphilosophie, b. h. „the knowledge of the principles, properties, and operation of things, as they are in themselves" —[2] im Sinne einer spekulativen Wissenschaft kennt er nicht. Sie zerfällt für Locke in zwei Teile: in Metaphysik („one comprehending spirits with their nature and qualities") und in Physik („and the other bodies") Die Lehre von den Geistern muß dem Studium der Materie und der Körper vorangehen.[3]

Seine diesbezüglichen Aufstellungen fordern Rousseau zu einer derartig scharfen Kritik heraus, daß er sagt: „Cette méthode est celle de la superstition, des préjugés, de l'erreur."[4] „Man muß lange Zeit," fährt er fort, „die Körper studiert haben, um sich einen wirklichen Begriff von den Geistern zu machen und auf den Gedanken zu kommen, daß sie existieren. Der entgegengesetzte Weg führt nur zum Materialismus"[5] — er meint zunächst zum Anthropomorphismus und dann zu einer grobsinnlichen Auffassung geistiger Vorgänge.[6]

Wir können uns hier nicht weiter mit der Sache befassen; nur das sei noch bemerkt: Locke hat keineswegs unterlassen

---

Emil auf Grund von selbstgezeichneten Karten seine Kenntnisse von den Ländern und Namen erweitert, so widerspricht das in Rousseau's Augen den obigen Satzungen nicht.

1) Em. III. § 15 und sonst. 2) Educ. § 190. 3) Educ. § 190.
4) Em. IV. § 165. 5) Ebda. 6) Em. IV. § 167.

gegen eine derartige Gefahr gewisse Kautelen zu treffen. So verbietet er ganz ausdrücklich, den Kindern von anderen Geistern zu sprechen außer nur von Gott.[1]) Wir sahen zudem schon, daß sich nach seiner Meinung Vernunft und Offenbarung niemals widersprechen können.[2]) „Junge Leute" dagegen sollen über die besagten Dinge Auskunft erhalten, aber auch nur zum Zwecke philosophischer Belehrung derselben.[3]) Man sieht nur nicht ein, was dabei eigentlich herauskommen soll.

Dies sind die Gegensätze beider Männer hinsichtlich des praktischen Erziehungsverfahrens im Einzelnen.

Was das Lehrgebiet im Ganzen betrifft, so gibt Locke noch folgenden Ratschlag: „Und wenn jemand etwas selbst gelernt hat, so gibt es, um es in seinem Gedächtnis zu befestigen und ihn zum Fortschreiten zu ermutigen, kein so treffliches Mittel, als es ihn anderen lehren zu lassen."[4]) „Nach diesem Grundsatz wird man finden, daß den ältesten Bruder nichts so sehr antreibt, das, was er lernen soll, zu erfassen und selbst zu wissen, als wenn man es ihn seine jüngeren Geschwister lehren läßt.[5])

Von dieser späteren sogenannten Bell-Lancaster'schen Manier des gegenseitigen oder Substituten-Unterrichts (enseignement mutuel), über deren Wert wir uns hier nicht auszusprechen haben, ist bei Rousseau nichts zu finden.

*

„Außer dem, was man durch Studium und Bücher sich verschaffen kann, gibt es noch andere, einem Edelmann notwendige Fertigkeiten, welche durch Übung erreicht werden müssen und wofür man Zeit einräumen und Lehrer beschaffen

---

1) Educ. § 191, § 137, § 138. 2) John Locke, Versuch über den menschlichen Verstand IV. 19. § 4. Vernunft ist natürliche Offenbarung.... Offenbarung ist natürliche Vernunft." 3) Educ. § 190. 4) Educ. § 180,2. 5) Educ. § 119.

muß."¹) — Aus diesen Worten Locke's ist, wie wir glauben, deutlich zu entnehmen, daß er den hier beginnenden letzten Abschnitt seines Buches unter dem Gesichtspunkte einer das Ganze des Erziehungswerkes gleichsam krönenden und harmonisch abschließenden Ergänzung betrachtet zu sehen wünscht. Er redet selbst von „Fertigkeiten", die also mehr den äußeren Schliff der Haltung, die Gewandtheit und Glätte infolge der körperlichen Durchbildung betreffen, und die nicht fehlen dürfen, wenn das Ideal der Edelmannserziehung erreicht werden soll. Da empfiehlt er denn zunächst das Tanzen,²) nicht nur um die natürliche Ungelenkheit abzustreifen, sodann auch, weil es für das ganze Leben eine gewisse Grazie verleiht und zum Anstand verhilft. Das Herumhüpfen aber und die figurierten Tänze sind als unnütz bei Seite zu lassen.³)

Rousseau spöttelt über die „Äffereien"⁴) eines gewissen Marcel, der damals ein berühmter Tanzlehrer in Paris war. Sein Emil wird sich nicht mit Luftsprüngen beschäftigen, sondern am Fuß eines Felsens wird er die Haltung des Leibes, des Kopfes, der Hände u. s. w. gelehrt bekommen. „Zum Nebenbuhler einer Gemse würde ich ihn lieber machen, als zum Balletttänzer.⁵) Man sieht eben überall den prinzipiellen Gegensatz zwischen der Kulturerziehung Locke's und der Naturerziehung Rousseau's sich hindurchziehen. Sophie allerdings soll tanzen lernen, das ist eine für ihr Geschlecht und für ihr Alter durchaus passende Kunst.⁶) Das Fechten scheint Locke zwar „eine gute Übung für die Gesundheit, aber gefährlich für das Leben zu sein, da das Vertrauen auf ihre Geschicklichkeit geeignet ist, Leute, welche glauben gelernt zu haben, wie man sein Schwert gebraucht, in Händel zu verwickeln."⁷) Für den Krieg dagegen ist eine tüchtige Fechtergewandtheit sehr von nöten.⁸) Will man für den Knaben das Fechten vermeiden, so soll er doch wenigstens

---

1) Educ. 196. 2) Ebda. 3) Educ. § 196. cf. § 67, 1. 4) Em. II. § 240. 5) Ebda. 6) Em. V. § 64. cf. § 66. 7) Educ. § 199. 8) Ebda.

im Ringen sich üben.¹) Rousseau bespricht im Emil die Sache gar nicht. Doch läßt er über seine ablehnende Stellung zum Duell, sowie gegenüber jeder Art von Lärm und Streit unter den Menschen und selbst unter Tieren weder hier noch in der Nouvelle Héloïse irgend welchen Zweifel bestehen.²)

Dahingegen muß es auffallen, daß er bei seiner Verurteilung des Fleischgenusses und Bevorzugung der vegetarianischen Lebensweise die Jagd ausgeübt sehen will, von der wir bei Locke nichts finden. Emil soll dieser „féroce passion" freilich nur wenig Zeit widmen und sie blos deshalb treiben, damit anderen „gefährlichen Neigungen" in gewissem Maße vorgebeugt werde.³) Das Reiten ist nach Locke ein notwendiges Erfordernis in der Ausbildung eines Edelmannes; es bildet ein Merkmal in der Auszeichnung dieses Standes.⁴) Ob andere Kinder die genannte Leibesübung zu betreiben haben, bleibt jeweils dem elterlichen Ermessen überlassen.⁵) Rousseau gibt nicht viel darauf, weil es zu kostspielig ist und „endlich ist man nicht bei Leib und Leben genötigt, zu Pferde zu steigen, während niemand sicher ist, einer Gefahr zu entrinnen, der man so oft ausgesetzt ist."⁶) Doch lernt es Emil später trotzdem und wir sehen ihn seine Besuche bei Sophien zu Pferde machen.⁷) Das Fußreisen,⁸) Klettern, Springen und Laufen⁹) wird aber von ihm im Interesse der Bildung eines echten Weltbürgers ganz besonders stark bevorzugt.

Gewiß muß ein solcher, ganz im Sinne Locke's, wie wir bereits gesehen haben, auch des Gartenbaues und der landwirtschaftlichen Arbeiten hinreichend kundig sein und selbst ein Handwerk, und zwar noch dazu das nämliche, wie es der englische Philosoph empfiehlt, verstehen, nämlich die Tischlerei.

---

1) Educ. § 199. 2) Em. IV. § 146 und Anm. 3) Em. IV. § 381 cf. § 494 ff. 4) Educ. § 198. 5) Ebda. 6) Em. II. § 213. 7) Em. V. § 224. 8) Em. V. § 192—195. 9) Em. II. § 240 cf. § 217.

Aber wohlgemerkt, ein Handwerk[1]) muß es sein, nicht eine Kunst. Denn Rousseau ist auf die Kunst und auf die Künstler sehr schlecht zu sprechen; auf die erstere, weil alle Verderbnis der menschlichen Zustände aus ihr entspringe,[2]) auf die anderen, weil sie nur die Sklaven der reichen Leute seien.[3]) Was er an sonstiger Beschäftigung noch gelten läßt, ist derart gewählt, daß es keine der Humanität widerstreitende Gesinnung fordert. Hier kämen nach ihm allenfalls gewisse Metallarbeiten in Betracht, aber nur solche in Eisen, Messing, Kupfer u. s. w. Doch erscheinen ihm dieselben nicht reinlich genug, um ihre Erlernung unbedingt zu befürworten.[4]) Gold-, Silber- und Edelsteinarbeiten dagegen sind Künste; die sind zu verwerfen.[5]) „Er soll ja kein Sticker, kein Vergolder, kein Lackierer werden wie Locke's Edelmann."[6])

Locke meint nämlich, man könne zu den obengenannten Feinmetall-Künsten auch noch „das Parfümieren, Firnissen, Gravieren", sowie das „Schleifen und Polieren optischer Gläser" hinzunehmen.[7]) Der praktische Engländer zeigt sich bei ihm auch darin, daß er allen Edelleuten rät, „die kaufmännische Buchführung gründlich zu erlernen".[8]) Das sei zwar „keine Wissenschaft, die einem Edelmanne vielleicht ein Vermögen verschaffen könne", allein es gebe doch nichts Nützlicheres und Zweckentsprechenderes, um ihn instand zu setzen, das Vermögen, welches er besitzt, zu erhalten.[9])

Es wird hier der geeignete Ort sein, von der verschiedenartigen Auffassung zu reden, welche beide Männer über die Bedeutung und Verwertung des Schönen innerhalb der Erziehung hatten.

So etwas wie ästhetische Erziehung kennt Locke, der nüchterne und praktische Utilitarist, überhaupt nicht. Musik und Poesie ist nicht gentlemanlike. „Die Gewinnung einer

---

1) Em. III. § 141. 2) Dies sucht er hauptsächlich in seinem ersten preisgekrönten Diskurs über die Künste nachzuweisen. 3) Em. III. § 142–144. 4) Em. III. § 155. 5) Em. III. § 145. 6) Ebda. 7) Educ. § 209. 8) Educ. § 210. 9) Ebda.

blos mäßigen Gewandtheit darin (d. i. in der Musik) verbraucht so viel von der Zeit eines jungen Mannes und führt ihn oft in so unpassende Gesellschaft, daß manche der Ansicht sind, man möge lieber darauf verzichten, und ich habe unter Männern von Begabung und praktischer Tüchtigkeit wegen ausgezeichneter musikalischer Leistungen so selten jemanden loben oder schätzen hören, daß es mir scheint, man dürfe von allem dem, was man je als besondere Geschicklichkeiten aufgeführt hat, der Musik die letzte Stelle anweisen." [1]

Jede Neigung zur Poeterei wünscht Locke gleichfalls beim Kinde thunlichst unterdrückt und erstickt zu sehen. Dichtkunst und Versemachen betrachtet er eben als gleichbedeutend. [2] Das Zeichnen hat nur insofern Wert, als es unmittelbar praktischen Zwecken dienstbar gemacht wird. [3] Das Malen erfordert angeborenes Talent, aber auch wo dies vorhanden wäre, paßt es nicht für einen Edelmann, weil es eine sitzende Erholung ist, welche mehr den Geist beschäftigt als den Leib. „Aus diesen zwei Gründen stimme ich nicht für das Malen." [4]

Locke ist wegen der krassen Flachheit seiner ästhetischen Begriffe vielfach und mit Recht schwer getadelt und verurteilt worden. [5] Denn, wenn man sich auch gegenwärtig hält, daß er durch zeitgeschichtliche Gründe, wie z. B. die in der Poesie damals herrschende raffinierte Sittenlosigkeit, sowie durch pädagogische Rücksichten, wie die Gefahren einer unpassenden Gesellschaft, zu seiner Geringschätzung der schönen Künste mit veranlaßt worden sein mag, so hat er doch keine Ahnung von der geistigen und ethischen Wesenserhöhung, die aus dem verständnisvollen Genuß des Schönen für den Menschen erfließt.

Hierin hat Rousseau einen viel weiteren Blick bewiesen.

---

1) Educ. § 197. 2) Educ. § 174. 3) Educ. § 161. 4) Educ. § 203. 5) So namentlich von Schwarz, Geschichte der Erziehung 1829 Band II. S. 413. Karl von Raumer, Geschichte der Pädagogik, Band II. S. 134. Emanuel Schärer, John Locke u. s. w. S. 222. Wilhelm Gitichmann, die Pädagogik des John Locke, S. 64.

Zwar wird auch von ihm, trotzdem er sich eingehend mit Musik beschäftigte, diese sowie die anderen Künste wegen ihres verderblichen Einflusses auf die Gesellschaft im Prinzip verworfen.¹)

Allein er ist sich doch ganz klar bewußt, welch ein bedeutsamer Erziehungsfaktor in der Benützung des Schönheitsmomentes vorliegt. Der Naturvergötterer findet in der allguten Natur auch die Vorbilder des Schönen gegeben, und so kommt es, daß wir ihn sogar einer gewissen künstlerischen Bethätigung eifrig das Wort reden hören. Rousseau wünscht vom Zögling, daß er schöne Handarbeiten fertige — die Mädchen sollen Spitzen klöppeln —,²) sodann daß er nach der Natur zeichne — die Knaben Landschaften,³) die Mädchen Blumen und Früchte —,⁴) ferner verlangt er für den geselligen Verkehr angenehmen Gesang,⁵) rednerische Gewandtheit,⁶) musikalisches Spiel (eigenes Begleiten der Lieder),⁷) gefällige Tänze und Gesellschaftsspiele, bei denen es auf äußere Anmut ankommt. „Durch Thätigkeit und Fertigkeit entwickelt sich der Geschmack; durch diesen erschließt sich der Sinn allmählich der Anschauung des Schönen nach jeder Richtung und endlich auch den moralischen Begriffen, die damit in Beziehung stehen."⁸)

Das ist gewiß sehr richtig geurteilt; indeß bei dem von Rousseau konstruierten schroffen Gegensatz zwischen Natur und Kultur konnte er gleichwohl nicht zu einer vollgenügenden Würdigung der ästhetischen Bildung gelangen. — Es gehört zu einem der zahlreichen Selbstwidersprüche Rousseau's daß er, der den Satz aufstellt: „Wir müssen notwendig entweder die Natur bekämpfen oder die gesellschaftlichen Einrichtungen, wir müssen uns entscheiden, ob wir einen Menschen bilden wollen oder einen Bürger; denn man kann nicht beides zugleich sein"— ⁹) trotzdem mit aller nur wünschenswerten Deutlichkeit und

---

1) Em. III. § 145. 2) Em. V. § 46. 3) Em. II. § 253—256.
4) Em. V. § 47. 5) Em. V. § 63, § 64, § 66. 6) Em. IV. § 461.
7) Em. II. § 273—279. 8) Em. V. § 69 cf. IV. § 456. 9) Em. I. § 13.

Offenheit die Erziehung Emils zu einem Gesellschaftswesen fordert.¹) Nicht ein Wilder soll derselbe werden,²) sondern ein (möglichst) natürlicher Mensch innerhalb der Gesellschaft.³) Emil muß sich daher Staats- und Menschenkenntnisse auf mannigfache Art aneignen, namentlich mit Hilfe des Reisens. Wir sahen schon, wie auch Locke diese notwendige Doppelergänzung des Erziehungswerkes nicht entbehren kann. Behufs Übernahme der staatsbürgerlichen Pflichten und Rechte verlangt Locke eine positive Befähigung hiezu. Die Art, wie er das Studium der Gesetzeskunde⁴) betrieben wissen will, ist weniger ein eigentlicher Unterricht, obwohl er es unter seine Lehrgegenstände gruppiert, als vielmehr eine Selbstunterweisung. Immerhin liegen ihm wie auch der Kenntnis des Civilrechts und der Politik gewisse Werke bewährter Autoren zu Grunde.⁵) Rousseau faßt die Sache wesentlich anders, nämlich bei der subjektiven Seite an. Emil weiß kaum, was eine Staatsform ist; „sein Augenmerk ist einzig darauf gerichtet, die beste zu finden; seine Absicht ist es nicht, Bücher zu schreiben, und wenn er je solche verfaßt, so wird er es nicht thun, um den Mächtigen zu schmeicheln, sondern um die Rechte der Menschheit festzustellen."⁶) Rousseau ergeht sich denn auch in heftiger Kritik über Grotius' und Hobbes einschlägige Schriften,⁷) während Locke geradezu auf Grotius und Pufendorf verweist.⁸) Also nicht aus dem positiven Bestand materiell vorliegender Gesetzes- und Kommentar-Sammlungen wird Emil seine Belehrung über politische und soziale Dinge schöpfen, sondern aus der lebendigen Erfahrung heraus, wie sie das Selbsterleben und Selbsturteilen beim Reisen mit sich bringt. Dies wird ihm auch diejenige Welt- und Menschenkenntnis vermitteln, welche notwendig ist, um ihn als ein freies, zum Wohlthun geneigtes Wesen zurückkehren zu lassen, das da den Willen und die Fähigkeit besitzt, zu-

---

1) Em. IV. § 407.   2) Em. V. § 172. IV. § 162, § 361, § 421.
3) Ebda.   4) Educ. § 187.   5) Educ. § 186.   6) Em. V. § 379.
7) Em. V. § 376.   8) Educ. § 186.

sammen mit Sophien ein „goldenes Alter" heraufzuführen, welcher Gedanke ja im letzten Grunde die ganze pädagogische Teleologie Rousseau's beherrscht.

Wir sehen also, wie demnach für Rousseau der Abschnitt vom Reisen keine blos zufällige Bedeutung, sondern eine hohe prinzipielle Wichtigkeit hat. Dies macht auch, abgesehen von den kleineren schon berührten Einzeldifferenzen auf diesem Gebiet den Hauptunterschied zwischen ihm und Locke aus, welch letzterer die Sache mehr nur anhangweise behandelt, damit einem ziemlich feststehenden Brauche der älteren Erziehungsbücher folgend, welche, weil sie für die höheren Stände berechnet waren, fast alle einen Abschnitt über das Reisen haben.

*

Es ist nicht in der Absicht dieser Arbeit gelegen und würde auch den Rahmen derselben weitaus übersteigen, wenn wir schließlich eine eingehende Vergleichung und kritische Untersuchung der Erziehungsgedanken Locke's und Rousseau's von wissenschaftlich pädagogischem Standpunkte aus darzubieten unternehmen wollten. Wir suchten ja, wie schon Eingangs betont, unsere Aufgabe nicht systematisch, sondern vielmehr in historisch-referierender Weise zu lösen, wobei wir es gleichwohl an gewissen Streiflichtern zur besseren Würdigung der jeweiligen Materien nicht ganz fehlen ließen. Dabei aber wurden wir immer wieder darauf geführt, daß die Locke'sche und Rousseau'sche Pädagogik in der Hauptsache auch für die Gegenwart nicht nur eine kulturgeschichtliche Bedeutung, sondern geradezu ein unmittelbares Interesse hat. Die Erziehungskunst hatte aus Locke's und Rousseau's Lehren viel zu lernen, weil sie vordem sehr im Argen lag. Und sie hat auch thatsächlich viel daraus gelernt. Denn erst von der gewaltigen Geistesarbeit beider Männer, und namentlich wieder derjenigen Locke's an, datiert eine auf der Psychologie, als ihrer forthin unentbehrlichen Grundlage, beruhende, und darum — philosophische Pädagogik: ja man kann sagen, erst seit Locke und Rousseau existiert die Pädagogik als Wissenschaft.

Allein man würde fehlgehen in der Annahme, daß damit die Rolle unserer Autoren für jetzt und künftig ausgespielt sei, und daß die heute Lebenden ein für allemal sich als beati possidentes betrachten dürften. Nein, auch hier gilt es: Stillstand ist Rückschritt. In der reichen Schatzkammer Locke'scher und Rousseau'scher Weisheit liegt noch mancher köstliche Edelstein, der eines besseren Schliffes und einer gediegeneren Fassung fähig und würdig wäre, als unsere sonst in allem so weit fortgeschrittene Zeit ihm bis jetzt zu geben vermochte. Und selbst aus ihren Fehlern läßt sich manche nutzbringende Lehre für unsere Verhältnisse ziehen.

Wir denken übrigens, wie gesagt, kaum noch daran, wem wir es verdanken, daß wir heute eine Schulhygiene, ein humanes Zucht- und Strafverfahren in der öffentlichen Erziehung, eine mehr auf die reale Leistungsfähigkeit als auf öde Verstandesthätigkeit abzielende Unterrichtsmethode und — was die Hauptsache ist — eine wesentlich ideale Auffassung von dem erhabenen Erziehungswerke haben.

Es wäre undankbar und unklug zugleich, in dem allen Locke's und Rousseau's neugestaltende und schöpferisch waltende Initiative zu verkennen.

Solchem gefährlichen Fehler in Etwas begegnen und vielleicht auch in fachmännisch interessierten Kreisen zum tieferen Studium der von uns besprochenen ungemein lehrreichen beiden Bücher anregen zu können, würden wir als freudigst begrüßten Nebenerfolg unserer Abhandlung betrachten.

Der Verfasser vorstehender Arbeit, Georg Wilke, ist geboren als Sohn des verstorbenen Bürstenmachermeisters Franz Albert Wilke und seiner gleichfalls verstorbenen Ehefrau Babette, geborne Werner, am 19. Juni 1862 zu Bamberg.

Seine wissenschaftliche Vorbildung empfing er auf den dortigen niederen und mittleren Lehranstalten und erlangte sodann das Zeugnis der Reife im Jahre 1881 am Gymnasium zu Schweinfurt. Ein Semester lang besuchte er das Lyceum seiner Vaterstadt, worauf er im Sommer 1882 an die Universität Erlangen übersiedelte, um sich dem Studium der Theologie zu widmen.

Nachdem er im Jahre 1885 die theologische Aufnahmsprüfung zu Ansbach bestanden hatte, erhielt er seine erste Anstellung im Dienst der Kirche als ständiger Pfarrvikar in Filke, einem kleinen evangelischen Gemeindeverband der bayerischen Vorrhön in Unterfranken. Hier war ihm eine nur zweijährige Wirksamkeit beschieden. Denn schon im Jahre 1887 wurde er zum theologischen Anstellungsexamen zugelassen, dem er sich mit gutem Erfolge unterzog. Bald darauf wurde er zum königlichen Pfarrer in Gleißenberg, einem mittelfränkischen Steigerwalddorfe, ernannt, welche Stelle er im Januar 1888 antrat. Auch hier verblieb er nur zwei Jahre. Denn bereits im Januar 1890 erfolgte seine Präsentation auf die Gräflich Rechteren-Limpurg'sche Patronatspfarrei Hellmitzheim, königlichen Dekanats Markt-Einersheim. Vor seiner Uebersiedelung hieher verheiratete er sich mit der Ökonomen- und Mühlbesitzerstochter Anna Maria Kunigunda Link von Burghaslach. Dieselbe schenkte ihm zwei Söhne, von denen der eine gegenwärtig im achten, der andere im

sechsten Lebensjahre steht. Mit hoher innerer Befriedigung
erfüllt ihn die Thätigkeit in seinem heiligen Amt an seiner
gegenwärtigen Gemeinde. Was er an Muße aus demselben
erübrigen kann, ist er eifrig bestrebt, auf seine wissenschaft=
liche Fortbildung zu verwenden, wozu ihm neben der Ver=
tiefung in seinem Berufsfach bisher hauptsächlich philosophisch=
pädagogische und prähistorische Studien gedient haben. Zu
den ersteren fühlte er sich durch den mehrjährigen Betrieb
eines Privat=Pensionates für nachhilfsbedürftige Zöglinge aus
Mittelschulen, zu den letzteren durch die hiesige Örtlichkeit
angeregt, welche eine reiche Ausbeute von interessanten und
wertvollen vorgeschichtlichen Altertümern darbietet, in deren
Erforschung er schon manche bedeutsame Erfolge erzielt hat.
Um zur Erkenntnis der Wahrheit in jeder Gestalt ihrer Offen=
barung für sich und andere fördernd zu wirken, wird er auch
fernerhin unter Gottes Beistand seine beste Kraft einsetzen.
Verfasser ist evangelisch=lutherischer Konfession.